西南石油大学创新创业教育成果系列丛书

聚沙成塔

——大学生创新创业训练计划优秀成果汇编

主　编　赵正文
副主编　刘向君
编　委　姚　远　张　磊　陈玉祥　肖鸿运
唐　乐　李媛媛　朱　原　李安然
王晨晨　伍建川　阚文华　陈建波
陈力平　刘　强　冉玉嘉　伍　悦
徐余跃　邓超越　彭希宁　刘雨鑫
孙晓光　杨林君

四川大学出版社
SICHUAN UNIVERSITY PRESS

项目策划：张宇琛
特约编辑：张宇琛
责任编辑：蒋姗姗
责任校对：王　锋
封面设计：墨创文化
责任印制：王　炜

图书在版编目（CIP）数据

聚沙成塔 ： 大学生创新创业训练计划优秀成果汇编 / 赵正文主编． — 成都 ： 四川大学出版社， 2020.10
（西南石油大学创新创业教育成果系列丛书）
ISBN 978-7-5690-3901-6

Ⅰ．①聚… Ⅱ．①赵… Ⅲ．①大学生－创业－研究成果－汇编－成都－2016-2019 Ⅳ．①G647.38

中国版本图书馆 CIP 数据核字（2020）第 194482 号

书名　聚沙成塔——大学生创新创业训练计划优秀成果汇编

主　　编　赵正文
出　　版　四川大学出版社
地　　址　成都市一环路南一段 24 号（610065）
发　　行　四川大学出版社
书　　号　ISBN 978-7-5690-3901-6
印前制作　四川胜翔数码印务设计有限公司
印　　刷　四川盛图彩色印刷有限公司
成品尺寸　170mm×240mm
印　　张　11.25
字　　数　200 千字
版　　次　2021 年 1 月第 1 版
印　　次　2021 年 1 月第 1 次印刷
定　　价　42.00 元

扫码加入读者圈

◆ 读者邮购本书，请与本社发行科联系。
电话：(028)85408408/(028)85401670/
(028)86408023　邮政编码：610065
◆ 本社图书如有印装质量问题，请寄回出版社调换。
◆ 网址：http://press.scu.edu.cn

四川大学出版社
微信公众号

前 言

当前，我国的经济社会发展进入新时代，创新创业成为实现我国经济发展的“新引擎”，新一轮创新创业的热潮已经形成，正在成为一种新的价值导向、生活方式和时代气息。教育部推动新一轮的高等教育改革，其中的重点就是深化创新创业教育改革，目的就是让每一个怀揣梦想的学子获得自主发展和创新创业的空间，让每一个有志创业的人才拥有人生出彩、梦想成真的机会，让每一个良性发展的企业都能健康成长，服务于国家经济社会的发展。

西南石油大学作为全国“双一流”建设高校和首批“深化创新创业教育改革示范高校”，紧紧围绕高水平特色大学的办学定位，多年来坚持“能源使命激活创新，铁人精神激励创业”的创新创业教育理念，把创新创业教育改革作为全面深化教育改革的重要抓手，把大学生创新创业训练计划（以下简称“大创计划”）作为深化高校创新创业教育改革的重要载体，培养了一大批“就业有优势、创业有本领、深造有基础、发展有后劲”的创新型人才。

为了全面总结和展示“大创计划”实施以来的经验及成效，我们特别收集了2016—2019年获批立项的部分项目成果，希望能为广大大学生创新创业提供一定的帮助和启示。

“好风凭借力，送我上青云。”祝愿广大学子在“大众创业，万众创新”的热潮中，乘风破浪，勇立潮头，早日成为实现“中国梦”的中坚力量！

目录 Contents

低渗透气藏水锁及气液两相渗流阻力对气井产能影响实验研究

项目名称：低渗透气藏水锁及气液两相渗流阻力对气井产能影响实验研究
项目负责人：高鑫宇
项目成员：胡世勇、陈翰璋、韩宇坤、何志鹏
指导教师：张广东
项目类型：创新训练项目
项目所属一级学科：化学
起止时间：2016 年 6 月—2017 年 11 月

> 项目简介

低渗气藏普遍具有低孔、低渗的特点，气、水及少量油赖以流动的通道很窄，渗流阻力很大，液固界面及液气界面的相互作用力较大，导致水锁效应明显增强，不利于气藏的开发。本项目对于低渗透气藏地层水对气藏产能的伤害问题进行了研究，将地层水伤害划分为水锁和气水两相渗流伤害两部分，分别研究后将其组合在一起，研究地层水对产能的影响。

> 创新点描述

本项目建立了低渗透气藏水锁伤害实验评价方法，选择某低渗气藏水锁伤害实验，同时利用同一块岩心测定气水两相相对渗透率的变化曲线，分析低渗气藏气水两相渗流特征，然后结合同一块岩心的水锁伤害实验和气水两相渗流实验结果分析地层水对气井产能的影响，还采用了不同物性的岩心重复上述实验过程，分析不同物性岩心的水锁伤害度，结合不同物性岩心的水锁伤害实验和气水两相渗流实验结果来分析地层水对于不同气井产能的影响情况。

本项目采用了一种新的低渗透水锁伤害实验饱和度建立方法：利用水蒸气驱入岩心的方式测量岩心在束缚水饱和度以下部分的气相渗透率；将低渗透水锁伤害和气水两相渗流阻力结合分析，并对气井产能方法进行设计。

目前，气藏的水锁效应是影响气井生产的一个主要因素，尤其是在低渗透气藏，水锁效应更为严重，而目前与之相对应的实验室进行水锁和相渗的相关实验较为复杂且耗时。对此，我们在实验过程中所设计的多功能高温高压岩心地层水伤害实验评价装置将两部分实验结合在一起，通过一台仪器进行实验，经过推算，大约可节省部分人工时间，为以后的相关深入研究提供了基础性帮助。此外，将水锁和相渗两部分结合起来分析对气井产能的作用，可以直观地看出相关联的两个部分对气井的影响程度，进而为相关研究提供理论依据和一种新的方法。通过这种方法研究水锁对气井产能的影响，可以总结出不同于现阶段已经存在的理论，并能得出行之有效的高效开发油气田的思路与方法。

学生感言

低渗透气藏地质储量约占全国天然气总地质储量的40%，可采储量约占天然气可采储量的30%，低渗透致密气年产量占全国天然气总产量的20%以上。研究低渗透气藏的渗流和伤害机理对于改善低渗透储层的流动，提高气井产能具有积极意义。本项目分别研究了单相渗流时水锁伤害和两相渗流阻力对相对渗透率的损害，认识到岩心渗流实验的关键在于建立均匀的含水分布。项目团队在撰写实用新型专利报告时写道，采用水蒸气喷头装置，尽量使岩心中的含水饱和度分布更均匀，用软电极实时检测获得各位置的含水饱和度，设计的岩心夹持器也满足高温高压要求，支持全直径岩心进行实验，为研究低渗透储层地层水伤害提供借鉴。

教师感言

该项目设计合理，研究方法得当，取得了一定的计划成果，过程中经费使用也较为合理。学生在此次研究过程中得到了充分的锻炼，创新思维得到了明显增强，并将自己的研究成果进行了及时转化，符合大学生创新创业计划的要求。

低渗透岩芯长组合模下压力衰竭式排气实验研究

项目名称：低渗透岩芯长组合模下压力衰竭式排气实验研究
项目负责人：何希亮
项目成员：代力、黄静、何彦均
指导教师：聂仁仕
项目类型：创新训练项目
项目所属一级学科：化学
起止时间：2016 年 6 月—2017 年 11 月

> 项目简介

本项目拟设计一种长岩芯夹持器，开展组合模式下压力衰竭式排气实验，模拟衰竭式气藏采收率。长岩芯夹持器采用多段岩芯组合并利用多点测量，实现实验环境对地层真实状况更为吻合的模拟，并通过多点采集数据，使数据精度大大提高，不仅能更好地胜任生产实践，也能更有效地进行科学分析。运用改良的衰竭式排气采收率计算方法处理实验数据，完善生产分析，优化产能配置，特别是对低渗透气田精细化的气藏开发，能极大地降低生产成本，提高气田效益。

> 创新点描述

- 长岩芯夹持器实验装置及实验流程设计。
- 不同物性岩芯组合的样品选取。
- 三组不同物性岩芯组合模式下压力衰竭式排气实验。
- 岩样压力检测数据实验结果分析，绘制压力衰竭曲线。
- 结合气藏工程理论方法，计算衰竭式气藏排采程度。

本项目研究了低渗透岩芯长组合模下压力衰竭式排气实验研究的规律，

设计了由标准岩样组合的长岩芯来模拟天然气衰竭式渗流的实验测试方法：利用苏里格气田的岩芯资料，按照物性差异将其分为好、中、差三类，分别选取各类标准岩芯 10 块组合为三种长岩芯，放入实验装置中来开展低渗透岩芯长组合模下压力衰竭式排气实验研究。实验监测了五个测点的压力，计算了组合长岩芯衰竭式采气的排采程度，分析了储层物性、含水饱和度、采气流量对排采程度的影响。此外，本项目还将苏里格气田苏东试采区的标准岩芯组合为长岩芯进行模拟地层衰竭式采气实验，反映了低渗透储层开发过程中的典型特征。

本项目的研究成果为中石油长庆油气田开发研究所提供了气藏开发基础，为产能预测、技术评价、油气田开发服务、页岩气渗流理论奠定了基础，也为产能模型升级提供了技术支持。同时，也对我国非常规油气开发的相关技术研究具有一定的指导意义。

> 学生感言 <

本项目通过设计长岩芯夹持器、开展组合模式下压力衰竭式排气实验模拟天然气衰竭式排气渗流过程，达到研究气藏排采程度的目的。研究发现，储层物性对排采程度的影响最大，含水饱和度次之，采气流量最小。在研究过程中，项目成员学会了很多课堂上学不到的知识与技能，相信他们在以后的学习生涯中也能继续努力，对项目进行更好的建设与完善。

> 教师感言 <

该项目创新了模拟致密气衰竭式渗流的实验装置、测试方法及实验数据的处理分析方法，获得了创新性的学术成果：项目研究发表 SCI 期刊 1 篇、中文期刊 1 篇、申请发明专利 1 项、授权实用新型专利 1 项。研究成果可服务于油田开发生产，具有很强的实用价值。

SZ36－1 油田含聚污泥绿色处理技术研究

项目名称：SZ36－1 油田含聚污泥绿色处理技术研究
项目负责人：裴春慧
项目成员：王松福、吴倩、王若虚、孟蕤
指导教师：施雷庭
项目类型：创新训练项目
项目所属一级学科：石油工程
起止时间：2017 年 6 月—2018 年 11 月

> 项目简介

随着海上油田聚合物驱的推广应用，岩层结构遭到了一定的破坏，导致污泥产出量明显增加，每年超百万吨。不但降低了分离系统的工作效率，而且给环保工作带来了巨大的压力。项目团队以油藏物理、物理化学和流体力学为理论指导，文献调研和实验检测并重，对 SZ36－1 含聚污泥的组分和性质进行分析，根据地层孔喉直径确定回注颗粒直径范围，提出了一套技术方案，并出于降低沉降速度的目的，为后续研究提供方向，为油田实际生产提供理论指导。

> 创新点描述

本项目提出了两点技术创新：一是向携带液中引入非牛顿流体，增加回注液黏度；二是对泥土颗粒进行膨化或空心，降低颗粒密度。作为携带液，这种非牛顿流体具有高流速黏度大而低流速黏度小的特性，能有效减少回注液中的泥土颗粒沉降，还具备不损伤地层、不与地层中流体反应的特点。

另外，提出了这样的理论创新：因沉降速度与密度差成正比，若可以使泥土颗粒与携带液的密度差趋近于无穷小，其余项视为常数，那么沉降速度将也是一个无穷小量，这样，对回注液的黏度要求也可以大幅降低。即将泥土颗粒研磨至远远小于地层孔隙中值的微粒，再将这些微粒制成直径为孔喉中值的空心球或蜂窝状微球，在其表面包一层防水树脂，再回注到地层中。

> 学生感言 <

在此次项目研究中，我不仅学会了如何协调和组织团队，更学会了如何进行发散性思考。遇到问题时，也能独立查阅文献，进行自主学习。在项目研究过程中，我发现了自己的不足，并尽力去弥补，获得了一定的成长，为自己以后的科研之路打下了一定的基础。

> 教师感言 <

该项目旨在探寻一种适用于海上稠油油田的产出含聚污泥的绿色、高效、环保的处理技术，在海上油气的开采方面具有较高的创新性。该项目小组团队协作能力较强，面对问题时可以结合课本知识，利用实验结果进行研究，将理论运用于实际。

复杂工况下油气水井大修磨套铣工艺优化智能软件研究

项目名称：复杂工况下油气水井大修磨套铣工艺优化智能软件研究
项目负责人：栾雨默
项目成员：唐灿、吴昊镪、汤雅婷、徐畅
指导教师：刘建仪
项目类型：创新训练项目
项目所属一级学科：矿山工程技术
起止时间：2017 年 6 月—2018 年 11 月

> 项目简介

磨套铣是油水井大修施工作业最常用的技术，其施工成功与否主要依赖于施工人员经验和判断，具有一定的主观性，从而导致了大修时效低、工作液携液差、卡钻风险大等问题。本项目将基于一定的科学理论开发一套磨套铣工艺优化智能软件，通过油水井不同井型、钻具结构、落鱼数据等基础资料，优化磨套铣工具选型，对管柱结构进行受力分析，完成施工力学计算，从而得到最佳施工参数（钻压、泵压、排量、转速），以求达到高效磨套铣的效果。

> 创新点描述

本项目对国内外文献进行了大量调研，对磨套铣技术的发展现状和工艺的相关行业标准有了一定的认识，并对各类大修磨套铣技术进行了对比分析；已初步完成软件的总体框架结构设计，包括文件管理、设计查询、优选设计、工具查询与维护及帮助五大功能模块。

根据大修磨套铣施工工艺设计理论方法，形成了一套适合复杂工况井的磨套铣技术，开发了一套智能磨套铣工艺优化软件，避免了人为主观性带来的施工问题。

项目团队对油气水井井下作业修井技术现状进行调研，对大修磨套铣作业工具组合及大修磨套铣作业工艺技术参数进行优化研究。基于大修磨套铣施工工艺设计理论方法，进行施工参数理论技术软件模块设计，运用计算机语言，编制界面简洁、操作简单的可执行计算机程序，便于现场施工工艺参数设计应用。

> 学生感言 <

在为期一年多的创新创业训练项目推动过程中，项目成员尝试对油田井况进行探索和分析，具备了一定的独立开展科研工作的能力。同时，同学们的思维方式和科研习惯也得到了充分的锻炼，从立项到实施项目等一系列工作也使我们的意志经受了磨练。

> 教师感言 <

在项目实施的一年多时间里，团队成员相处融洽，大家一同对国内外文献进行了大量调研，对磨套铣技术的发展现状和工艺相关行业标准有了一定的认识，并对各类大修磨套铣技术进行了对比分析，初步完成了软件的总体框架结构设计，整体效果令人较为满意。

基于 SCADA 的输油管道安全性监测研究

项目名称：基于 SCADA 的输油管道安全性监测研究
项目负责人：徐畅
项目成员：汤雅婷、吴昊镪
指导教师：罗昌龙
项目类型：创新训练项目
项目所属一级学科：能源科学技术
起止时间：2017 年 6 月—2018 年 11 月

> 项目简介

我国长输石油管道输送油气时规模较大，流程较长，能量的损失也较为严重。在整个输油过程中，各个输油站之间的关系十分紧密，为此，必须首先考虑管道输送的自动化程度，同时兼顾安全性和可靠性，将过程控制和优化进行有机结合。

本项目主要研究长输油管道泄漏的检测及定位问题，目的在于研发一套针对该问题的处理系统，该系统由泄漏检测及定位的硬件系统和识别处理信号的软件系统组成。

> 创新点描述

本项目建立了输油管道模型，输油管道中油体的流动可以当作一元流体流动，而流体的流动也要满足能量守恒、质量守恒和动量守恒等基本规律。因此，液体在输油管道中流动的模型可以根据流体力学来建立，其中包括动量方程、连续性方程和能量方程，流体中的温度、压力、流量等量之间的关系可以通过方程来表述。采用负压波泄漏检测方法和附加动态微压激励泄漏检测方法检测定位的理论技术，采用小波分析法对信号传输过程中存在的干扰进行降噪，并运用BP神经网络算法对信号进行处理筛选。以西门子的S7-300的PLC环境设计长输石油管道泄漏检测与定位系统软件，研究了压力变送器、温度变送器和流量传感器等设备对信号的采集和传送，设计管道泄漏监测硬件系统，并通过制作模拟装置对设计结果进行优化，具体创新点描述见图1、图2。

本项目主要研究长输油管道泄漏的检测及定位问题，目的在于研发一套针对该问题的处理系统，该系统由泄漏检测及定位的硬件系统和识别处理信号的软件系统组成。

本项目研究计划基于系统可靠的数学模型，将遗传算法引入模型，从而确定系统可靠度的最优值，这样在不改变可靠度的情况下，方案造价有了大幅的降低。

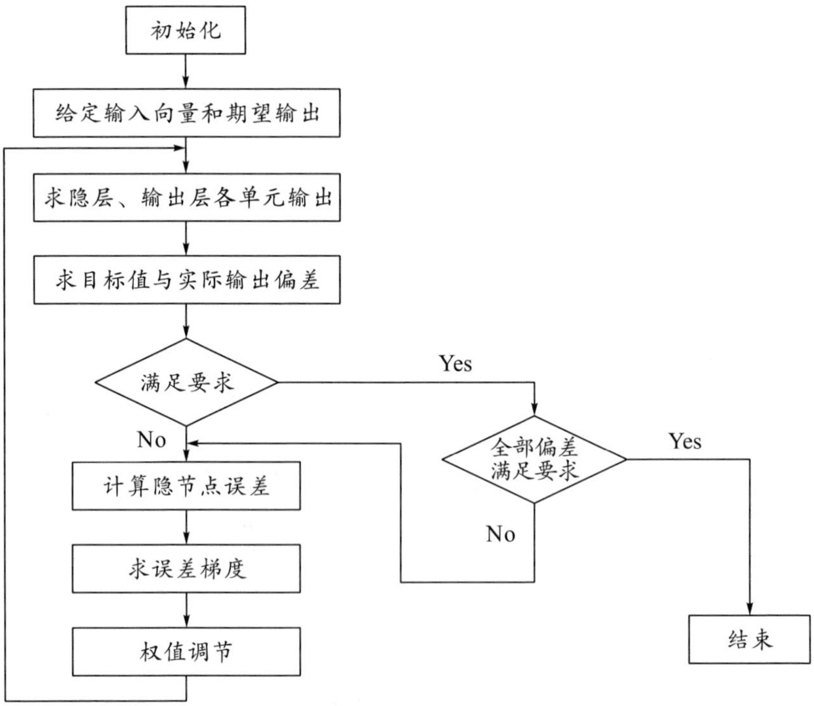

图1　创新点描述一

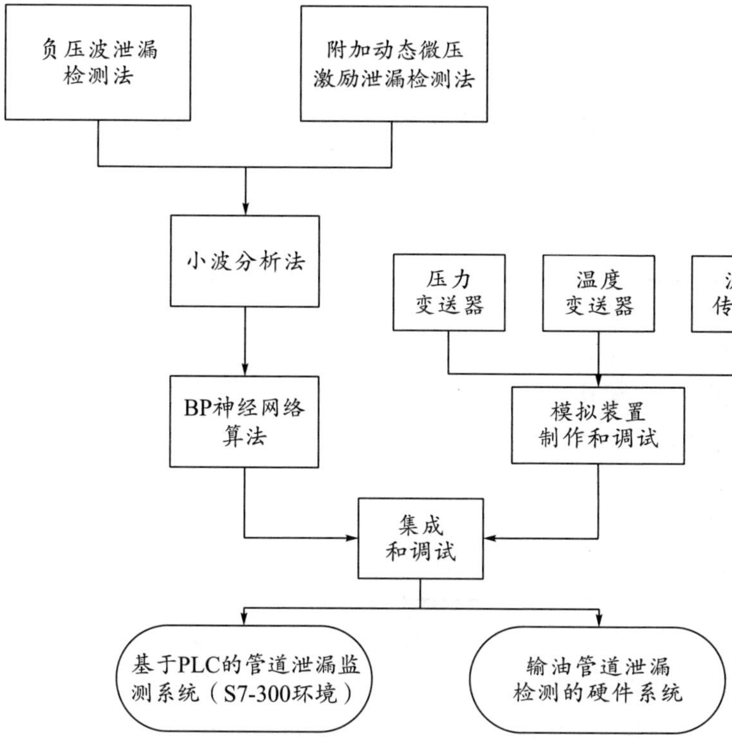

图 2　创新点描述二

> 学生感言 <

在为期一年多的创新创业训练项目中，团队经历了重重困难，遇到了很多问题，但是在大家的共同努力下，我们还是取得了一定的成功，团队成员也收获了许多成长，这些都为我们以后的研究与发展奠定了坚实的基础。

> 教师感言 <

项目从初具雏形到结束取得了一定的成果，其间我与几位学生共同奋斗，一起努力，见证了他们的辛劳与付出。整个项目在长输油管道泄漏的检测及定位等问题上进行了一定的创新，相信这次经历对他们以后的发展也会有一定的好处。

新型无扭矩井下电动钻具

项目名称：新型无扭矩井下电动钻具
项目负责人：张帅堃
项目成员：江文博、许富强、刘语馨
指导教师：王其军
项目类型：创新训练项目
项目所属一级学科：机械工程
起止时间：2017 年 6 月—2018 年 11 月

项目简介

井下电动钻具以其独特的井口—井底信息传输功能，实现了钻井自动化技术和遥控技术，现有的井下电动钻具仍然无法克服钻柱受扭变形这一问题。本项目设计了一种新型无扭矩井下电动钻具，采用对称安装的两个井下电机提供破岩动力，以双主动轮圆锥齿轮组合作为动力传输介质。

创新点描述

综合钻具的现状，电动钻具对井下信息化的实现无疑是未来钻井技术应予以保留并加以完善的重点，显钻电动钻具依旧存在的缺点是必须要尽快解决的关键问题。新型无扭矩井下电动钻具保留了传统电动钻具中的自动化和遥控技术，在钻头处把原本竖方向上的扭矩分解为两个水平方向上大小相等、方向相反的扭矩，两个扭矩在井下相互抵消，使钻杆不承受扭矩，并减小了钻柱的振动，大大改善了井下电机的工况。

在双主动轮圆锥齿轮组合结构中，有两个主动轮，一个从动轮，两个主动轮旋转的轴线在水平方向上且两者的旋转方向相反，从动轮的轴线处于竖直方向。固定动力短接和旋转破岩短接之间通过轴承相连接，其中五个轴承的作用是保证固定动力短接和旋转破岩短接能够在竖直方向上同轴相对转动。

固定动力短接的金属筒壁上安装有两个电机，第一个电机连接第一个圆锥齿轮，第二个电机连接第二个圆锥齿轮。伞形结构对第一个圆锥齿轮和第二个圆锥齿轮起保护作用，防止钻井破岩时产生的较大钻屑对圆锥齿轮造成阻卡或其他损害。

本设计的结构能保证在钻井过程中，钻头的旋转不依赖于钻柱的转动，消除了钻井过程中钻柱所承受的轴向扭矩，降低了对钻杆抗扭强度的要求。此外，由于钻柱不旋转，钻杆外壁不再与井壁产生旋转摩擦，且钻柱的振动幅度小，改善了井下电机的工况，避免了传统钻具组合中由此给钻杆带来的损坏，以上两点的实现减少了制作钻杆的材料成本。

学生感言

在为期一年的新型无扭矩井下电动钻具项目的研究过程中，我们不仅在学校的工程训练中心学习，还在电学设备完善的实验室进行实验测试，项目成员基本具备了独立开展科研工作的能力。此外，在整个过程中，我们的组织能力也得到了充分的锻炼，有利于我们在日后进行自我反思，同学们的思维也得到了进一步的深化与扩展。

教师感言

在指导张帅堃团队进行项目研究的一年时间里，我发现团队成员有着较强的思维能力和浓重的好学精神，每个人都能够提前了解相关知识并在短期内解决工程问题。此外，我也充分感受到了同学们的团队协作精神，这也是整个项目能够获得成功的重要原因。

页岩井壁裂缝起裂与扩展机理研究

项目名称：页岩井壁裂缝起裂与扩展机理研究
项目负责人：李林
项目成员：敬亚东、赵泽东
指导教师：马天寿
项目类型：创新训练项目
项目所属一级学科：矿山工程技术
起止时间：2017 年 6 月—2018 年 11 月

项目简介

水平井钻井技术是页岩气高效开采的主体技术，但钻井过程中一旦发生井漏，容易造成经济损失和生产时间损失，还易诱发井塌、卡钻等井下复杂事故，已成为页岩水平井优快钻井的发展瓶颈。本项目将考虑页岩具有的层理发育特征，研究层状页岩的抗张力学行为和抗张强度各向异性准则，针对层理性页岩地层水平井井漏问题，建立层状页岩储层水平井地层破裂压力预测方法，采用 RFPA 软件模拟层理性页岩储层水平井地层裂缝延伸过程，揭示层状页岩水平井井壁裂缝的延伸模式、延伸规律及其与页岩层理结构的相互作用机理，从而揭示页岩储层水平井井漏的力学机制。

创新点描述

考虑层理性页岩的各向异性特征，基于页岩的巴西圆盘劈裂强度测试结果，建立或优选适合于页岩的各向异性抗张强度准则。进一步建立页岩水平井井周应力分布模型，联合井周应力分布模型和抗张强度准则，建立层理性页岩井壁破裂压力计算方法，并研究页岩各向异性、地应力、孔隙压力、层理产状等因素的影响，从而揭示页岩水平井井壁裂缝起裂的力学机制。

本项目可为制定合理的防漏、治漏技术措施以及钻井设计与施工提供理论支持，对于解决页岩储层井漏、提升对页岩水平井优快钻井的认识具有重要作用，对于推动页岩气高效开发与页岩气产业的发展具有一定的现实作用和意义。

学生感言

在近两年的项目科研过程中，我们建立了层理性页岩井壁破裂压力计算方法、模拟非均质页岩地层井壁裂缝萌生及扩展行为及模拟数据的处理与分析，撰写论文和报告，使我的个人编写能力得到了一定的锻炼，除此之外，团队和导师的支持也使我对该项目充满了信心，在今后的科研道路上，我将汲取这段日子里所收获的经验与教训，提高自己，完善自己，从而取得更为丰硕的研究成果。

教师感言

在指导页岩井壁裂缝起裂与扩展机理研究项目的两年里，我与李林同学频繁沟通，由他负责组织同学们全力去准备资料，在这一过程中，我深深地感受到了项目团队成员对于学术研究的热情和对于科研的责任心。同时，我也收获了自己教学生涯中一次良好的教学指导经历。

页岩纳米有机质孔对 CO_2 和 CH_4 吸附机理的分子动力学研究

项目名称：页岩纳米有机质孔对 CO_2 和 CH_4 吸附机理的分子动力学研究

项目负责人：吴昊镪

项目成员：何建冈、栾雨默、游馨淳、王振冰

指导教师：贾春生

项目类型：创新训练项目

项目所属一级学科：石油与天然气工程

起止时间：2017 年 6 月—2018 年 11 月

项目简介

页岩气作为一种重要的非常规天然气，已成为全球油气资源勘探开发的焦点和热点。纳米有机质孔隙是页岩气赋存的主要空间，甲烷在有机质纳米孔隙中的赋存状态对页岩气的藏储量评估和动态开采具有重要影响。本项目结合吸附实验和传统理论研究，采用分子动力学方法，从微观尺度探究不同地层温度和压力条件下 CH_4 分子在有机质纳米孔隙中的赋存机理，并对 CO_2 与 CH_4 竞争吸附进行模拟研究，为页岩气的竞争吸附开采和温室气体 CO_2 的埋存可行性提供基础依据。

创新点描述

本项目结合宏观和微观研究方法，从宏观实验和理论角度研究了有机质纳米空高温高压吸附曲线变化特征，并对传统吸附模型进行了对比优选；利用蒙特卡洛方法从微观角度研究了单组分甲烷分子在页岩纳米孔隙中的赋存特点以及吸附机理，并探讨了温度、压力、孔隙大小、含水量等因素对吸附量及吸附机理的影响。

本项目提出了系统分析页岩气吸附微观机理研究的新方法，将实验分析数据引入页岩气吸附微观机理分子模拟，增加了分子模拟预测的精度和可信度，提高了实验分析的效率。

本项目构建了反映页岩有机质纳米孔隙结构模型的分子孔隙模型以及表征地层状态下的 CH_4、H_2O 和 CO_2 分子模型，增加了实验的精确度和可靠性。运用巨正则系综 Monte Carlo 方法，研究有机质—CH_4 吸附体系和—CH_4/CO_2 竞争吸附体系，量化吸附剂与吸附质之间相互作用势能和静电能、吸附热及吸附相密度等特性参数变化，以及吸附量与温度、压力、孔隙尺寸、表面积、含水量等因素之间的关系，通过认真分析和研究，得出相应的结论。

通过模拟地层温度和孔隙大小环境，研究按一定比例浓度混合的 CO_2/CH_4 分子在有机质纳米孔隙中的竞争吸附特点，对比单组分 CO_2 和 CH_4 气体等温吸附特性，揭示 CO_2/CH_4 竞争吸附本质，研究温度、压力和混合气体组分比例变化对竞争吸附的影响规律。

学生感言

在研究“国创计划”项目的一年多时间里，我学习了 MS 软件、天然气工程以及油层物理的相关知识，提升了自己文献资料查阅方面的能力，更学会了如何进行实验操作、运用实验仪器等，这些都令我感觉到自己在学术方面有了一定的进步。但是最令我难以忘却的，始终是在和老师同学朝夕相处的过程中学到的与人交往的经验，是他们的包容、友爱与帮助，让我满怀信心地成长了起来。

教师感言

项目开始之后的一年多时间里，吴昊镪同学和他的四位伙伴尽心竭力、攻克重重困难，逐渐具备了独立开展科研工作的能力。在研究过程中，大家系统地探索了有机质纳米空高温高压吸附曲线的变化特征，认真探讨了吸附原理的有关问题，师生间互相促进，共同进步，取得了一定的研究成果。

页岩气多段压裂水平井柱塞气举工艺研究

项目名称：页岩气多段压裂水平井柱塞气举工艺研究
项目负责人：耿晓燕
项目成员：何希亮、毛正林、张铭、杨家蓉
指导教师：谭晓华
项目类型：创新训练项目
项目所属一级学科：化学
起止时间：2017 年 6 月—2019 年 11 月

> 项目简介

本次研究为页岩气多段压裂水平井提供了一种高效率、低成本的排采技术，为页岩气井实现最大开发效益提供了技术支撑。研究基于传统柱塞气举工艺，结合水平井多相管流模型，研发出了适合于页岩气多段压裂水平井柱塞气举工艺的设计方法，并配套设计了相关软件及工程技术设备。

> 创新点描述

基于水平井筒多相流模型，考虑页岩气水平井井眼轨迹及页岩气水平井筒的特殊性，建立页岩气水平井多相流模型。在此基础上，建立符合页岩气井特征的页岩气多段压裂水平井柱塞气举工艺，指导排采工艺的设计与优化。

结合页岩气多段压裂水平井产能方程与页岩气水平井筒多相流模型，利用节点分析方法，用以描述、分析页岩气井柱塞气举工艺生产系统。通过节点设置，分别利用页岩气多段压裂水平井产能方程计算流入系统；不仅如此，此项工艺还利用页岩气水平井筒多相流模型计算流出系统，分别绘制页岩气多段压裂水平井流入动态曲线与流出动态曲线，通过协调点确定气井最佳生产状态，从而确保效率的最大化。

通过改变页岩气水平井柱塞气举工艺系统参数，进行生产油管内径、井口油压等敏感性参数优化分析，结合现场排水采气工艺参数特征与效果对比，确定利于气井排采的工艺参数，优化柱塞气举工艺提高效率。

学生感言

通过此次开放性实验，项目成员掌握了实验操作的基本技能，体会到了团队协作的重要性。从初期对实验项目的理解、相关文献资料的查阅，到小组成员讨论实验方案，再到后期的动手实验、实验报告的撰写与修改，整个过程无不倾注了我们点点滴滴的心血与汗水。而在其中，我们也充分体验到了什么是真正的科研合作。具体来讲，我们收获了以下一些心得体会：实验前需要做充分的准备；多与指导老师、团队成员交流；不要害怕出错，大胆动手操作。

教师感言

通过这次与几位同学共同合作完成项目，我充分感受到了同学们对于科研的积极性。几位同学团结协作、共同商讨，深入研究了页岩气多段压裂水平井柱塞气举工艺，并取得了一定的成果。在这个过程中，我也收获了许多心理上的经验与认知，更新了自己教学中的一些想法和做法，相信在以后，这些收获会润物无声般滋养着我。

一种新型直流无刷电机

项目名称：一种新型直流无刷电机
项目负责人：雍煜宁
项目成员：赵泽东、洪健诏、尹曾赋
指导教师：岳陈军
项目类型：创新训练项目
项目所属一级学科：机械工程
起止时间：2017 年 6 月—2018 年 11 月

项目简介

无论是在机械化的过去，还是在自动化、智能化的今天，电机在人们的日常生活及工业生产中都起着不可替代的作用。随着科技的迅猛发展，电机的性能及功效也都得到了快速提升，各种类型的电机也相继出现。本项目设计了一种新型直流无刷电机，巧妙设计了环形永磁体和辐条线圈的组合结构。在转动过程中，安培力始终与带电导线的运动方向垂直，使得自身能最大限度地做正功。

创新点描述

传统的碳刷电机以其结构简单、成本低廉的特点得以被广泛应用至今，而无刷电机以其效率高、辐射小、干扰少的优势，也得到了快速的发展与应用。无论是传统的碳刷电机，还是后来出现的无刷电机，在转动过程中转子转过平衡位置时，都需要实现电流换向才能保证转子继续转动。本设计的优点是，电机在转动过程中无需实现电流换向，也没有传统碳刷电机中的碳刷结构和传统无刷电机中实现电流换向的电子换向装置。

经过对传统电机的磁场分布和电流流向的分析，本项目提出了以环形永磁体和辐条线圈的组合结构来实现电机转动的思路。壁筒上安装有环形永磁体，共两个，上下各一个，环形永磁体构成了电机转动所需的磁场；环形永磁体中间安装有转轴轴承，共两个，上下各一个。由转轴、辐条支架、辐条线圈和支架端盖共同构成的转子安装于壁筒的内腔，并通过转轴轴承和转子轴承在纵向上实现约束，而在横向上能够自由转动。壁筒的下端安装有一个壁筒接线盖，下端的转轴、转轴轴承、辐条线圈、转子轴承、壁筒、壁筒接线盖和转轴接线盖都是用导电性能良好的金属制作而成的，电机在转动过程中还起到“传导电流”的作用。环形永磁体外部涂有一层绝缘漆，确保环形永磁体和壁筒之间、转轴轴承之间以及和转轴接线盖之间是绝缘的。壁筒接线盖和转轴接线盖用于连接直流电源的两极。

设转轴接线盖连接直流电源正极，壁筒接线盖接直流电源负极。则电流由转轴接线盖经下端的转轴轴承流向转轴，再经过转轴流入辐条线圈，然后经转子轴承流入壁筒，最后从壁筒流向壁筒接线盖再流回直流电源负极。在安培力的作用下，电机持续转动，其间不需要电流换向，在转动过程中，安培力始终与带电导线的运动方向垂直，使得安培力能最大限度做正功。

学生感言

在创新创业训练过程中，我们将自己的专业知识熟练运用于实践，很好地将课堂所学知识运用过程实践操作中，并且在老师的支持下，顺利完成了对安培力正功最大限度的利用。当然，学校的工程实践训练中心在项目的实施过程中也为我们提供了巨大的帮助，使得项目研究可以顺利进行。

教师感言

在该项目的实施过程中，同学们在充分认识到传统电机不足的基础上熟练掌握了电机的基本原理，在实践中进行创新，有效地将理论应用于实际。师生间共同交流，积极讨论，为教学研究提供了一定的反馈，使我收获颇丰。

油气井水泥石完整性关键力学参数测试方法实验研究

项目名称：油气井水泥石完整性关键力学参数测试方法实验研究
项目负责人：黎猩、陈神根
项目成员：吴勇、李建军、刘凤
指导教师：刘健、辜思曼
项目类型：创新训练项目
项目所属一级学科：石油与天然气工程
起止时间：2017 年 6 月—2018 年 11 月

> 项目简介

特定力学性能是保持油气井水泥石完整性的关键，而研究水泥石力学性能的基础是有效测试水泥石力学性能。项目通过研究圆柱水泥石的直径大小、高径比对水泥石力学测试的影响，确定水泥石制样的最优直径和高径比，优化水泥石制样方法；通过研究水泥石含水率对力学测试的影响，确定水泥石干湿控制方法；通过研究载荷加载速度、位移加载速度对力学测试的影响，优化水泥石载荷加载方法。形成从样品尺寸、干湿控制、加载力度三方面综合控制水泥石关键力学参数测试方法。

> 创新点描述

水泥石完整性事关油气生产安全，国内塔里木山前高压气井、四川气田高压气井，都因为水泥石完整性遭到破坏而产生了环空带压、环空窜流等现象，严重影响了天然气的安全生产。目前，学界关于有效测量水泥石力学性能的方法，一致缺乏系统全面的研究，现行《油井水泥试验方法》只对水泥石强度一个指标的测量方法进行了规范，已远不能满足水泥石完整性对其他力学参数测试的要求，比如要测量水泥石的杨氏模量和泊松比。本项目全面系统地研究了水泥石关键力学参数的测试方法，有利于提升水泥石的力学性能，将有力支持水泥石完整性技术的发展。

项目组在前期参与中石油储气库水泥石力学指标及测试方法研究时，开展了抗拉强度及胶结强度的研究，具体参见《储气库固井水泥石关键力学参数测试方法研究》，在此基础上继续推进水泥石杨氏模量、泊松比等关键参数测量方法的研究，为现有行业标准的完善和修订提供支持。

本项目以大量的实验数据为基础来探索、论证水泥石的测试方法，最终形成的力学测量方法将有力支持固井水泥石现有石油行业标准的完善与提高，具体情况如图 1 所示。

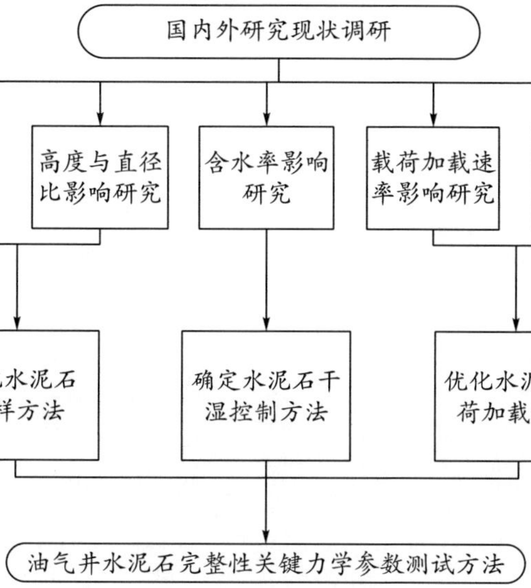

图 1　油气井水泥石完整性关键力学参数测试方法

学生感言

我在油气井水泥石完整性关键力学参数测试方法项目研究中发现，现有标准方法已远不能满足水泥石完整性的要求，于是与团队成员一起开展了抗拉强度及胶结强度的研究。这次项目是对我思维的一次训练，有效地激发了我解决研究过程中科研问题的积极性。

教师感言

在我对同学们进行指导的一年多时间里，黎猩、陈神根两位同学积极参与实验，组织配合同学们对实验中所表现出来的问题自主进行资料查询和项目自检，这让我看到了他们进行科研的热情，也体会到了他们严谨认真的治学态度。相信这种精神在他们未来的成长道路上能够发挥更大的作用，我也从中获益良多。

智能压井装置研究

项目名称：智能压井装置研究
项目负责人：杨玉龙
项目成员：陈之烨、谭峻峰、徐尧
指导教师：毛良杰
项目类型：创新训练项目
项目所属一级学科：能源科学技术
起止时间：2017 年 6 月—2018 年 11 月

项目简介

压井是钻井作业的重要组成部分，若压井方式选择不当、压井不及时或压井作业出现失误，就容易导致溢流进一步加剧，甚至发生井喷等安全事故。目前，油田上压井作业基本由人工计算操作完成，这种方式在效率和准确性上都是较为低下的。本项目拟以此为切入点，通过相关基础理论的分析推导建立合理的数学物理模型，再根据钻井现场的实际需求，结合石油工程、机械设计的有关理论，运用自动化技术设计出一套自动化智能压井装置。

创新点描述

长期以来，在钻井施工过程中，地层压力难以预测，井内液柱压力由于各种作业工况也容易出现波动，井内液柱压力常常低于地层压力，导致地层流体（油、气、水）侵入井内，发生溢流。地层流体一旦进入井内，势必会影响原有的压力平衡关系，最终导致井涌甚至井喷，严重影响钻井作业的进行，造成人力物力的极大损失，甚至最终导致安全事故的发生。这些事故很大程度上都是井控技术不完善所造成的，而压井则是井控中极为重要的一部分，这足以说明研究压井理论以及改良压井设备的重要性。

本项目根据现有实际情况，将基于反馈调节的自动化控制技术引入钻井压井装置中，设计一套智能压井装置，从而使得压井作业更加高效、准确。由于地层的复杂性，在很长一段时间内，压井作业的计算机自动计算效果不尽如人意，甚至难以符合现场实际，因此，直到现在，油田仍然普遍采用人工操作的方法，其工作效率和准确性可想而知。

此项目还广泛调研了相关基础理论和研究成果，利用现有的流体力学、渗流力学、多相流理论以及相关的数学方法，并结合我们需要解决的实际问题建立起合理且准确的数学模型，设计求解模型算法并编写程序计算验证，同时改进模型及算法，使之符合工程应用实际。利用现场数据对模型进行验证、修正与完善。充分考虑需求和实际，设计出自动化节流压井装置，并对装置进行分析优化，实现其自动化功能，如图 1 所示。

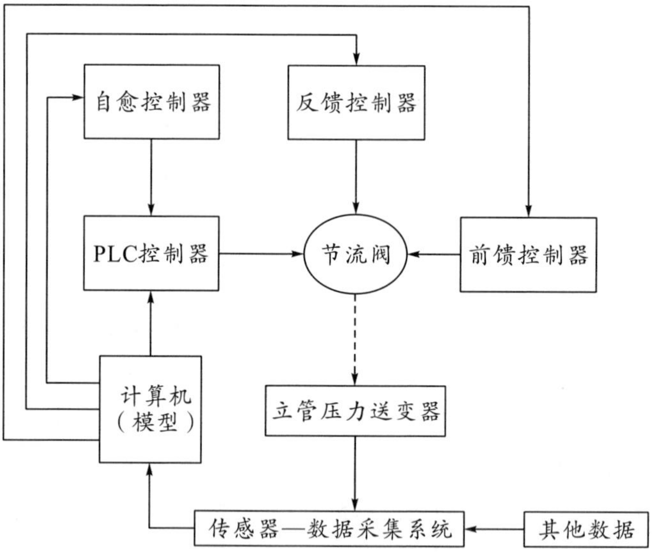

图 1　一种基于反馈调节的节流控制系统

学生感言

研究项目是一个复杂的工作，涉及一个领域的方方面面，必须循序渐进，才能控制好整个过程。项目在进行过程中有停滞，也有进步，对我们小组成员的锻炼也是显而易见的。在研究过程中，我们学习了很多未曾接触过的知识，其间虽然也遇到了很多困难，但大家都坚持了下来，也从中收获了很多。

教师感言

该项目小组在申请时就共同制订了一个较为严密的计划，在中途，尽管对项目有了重新认识并做出了一定的修正，但基本的研究路线仍是有效和可行的，并最终取得了一些可观的成果。该小组进行项目研究时采用的方法尽管较为简单，但对于本科生而言已属不易，并且在合理的假设之上得到了有一定参考意义的结果。本项目得出了一些专利设计、软件编制的成果，但仍需继续努力，不断完善成果。

低吸附低伤害胍胶压裂液体系研究

项目名称：低吸附低伤害胍胶压裂液体系研究
项目负责人：李沁芷
项目成员：石朋、任千秋
指导教师：王世彬
项目类型：创新训练项目
项目所属一级学科：化学
起止时间：2018 年 6 月—2019 年 11 月

项目简介

本项目以致密砂岩为对象，从解除聚合物对储层孔隙吸附滞留伤害入手，探讨胍胶压裂液对岩石结构、流体通道、裂缝壁面形貌的影响，基于低渗储层地质特征和胍胶与岩石的作用力，结合压裂作业工艺条件，研制能降低胍胶对岩石孔隙伤害的新型压裂液体系，开展低伤害改造工作液的研究，并形成针对性的工艺技术，使其达到降低伤害、提高改造效果的目的。

创新点描述

本项目主要有两大方面的创新点：应用吸附科学等基础学科知识从本质上研究压裂液伤害及解除问题；从分子结构出发研制低吸附及低伤害压裂液。对低渗储层渗透率伤害控制技术进行调研，学习相关方面的资料及国内外现状，对胍胶对岩石储层吸附堵塞伤害技术研究细分、在岩石表面动静态吸附量、在岩石表面吸附形态与岩石吸附机理等进行研究。最终，形成低吸附低伤害胍胶压裂液体系，包括对解除堵塞剂研制与解吸附能力研究、解除堵塞剂与压裂液添加剂配伍研究以及低伤害压裂液性能研究。

实验将吸附学、渗流力学、岩石力学、损伤力学、油气田开发工程、计算机仿真技术等学科相结合，通过实验手段研究致密砂岩的物性参数、孔喉特征、天然裂缝充填、岩石力学参数等特征，结合室内实验分析压裂液的成分、粒径特征、滞留伤害、吸附伤害等，揭示压裂液的伤害机理并针对性提出解除伤害方案，在此基础上开展低伤害改造工作液与配套工艺技术，从而形成低渗储层改造伤害控制技术。

> 学生感言 <

在前期校级重点开放性实验的基础上，我们申请了创新创业训练项目，项目组成员想要在开放性实验初步成果的基础上进行创新研究学习。在这一年多的时间里，我们收获了很多新的知识，懂得了如何对一个问题进行分析，如何针对这一问题设计实验进行验证，我们的思维能力得到了锻炼，考虑问题更加全面，也懂得了要将理论与生产实际相结合。此外，我们也学会了使用很多先进实验仪器，并且在实验过程中更加严谨，同时也更加注意实验室的安全问题。

> 教师感言 <

在指导“国家级创新创业训练项目计划”项目的一年多时间里，同学们认真查阅资料，对所研究创新训练项目进行知识调研，与实验室的博士、硕士研究生一同学习并开展科研工作，系统研究了胍胶对岩石储层的吸附伤害机理，并积极学习使用国重实验室的现有仪器设备。在项目的研究过程中，师生间相互帮助，共同探讨学术问题，在专业知识方面收获颇丰。

海洋天然气水合物快速生成实验

项目名称：海洋天然气水合物快速生成实验
项目负责人：戢慧
项目成员：胡艺凡、魏宇歌、裴俊
指导教师：李海涛、魏纳
项目类型：创新训练项目
项目所属一级学科：油气储运工程
起止时间：2018 年 6 月—2019 年 11 月

> 项目简介

本项目主要进行天然气水合物快速生成实验，在特定压力及温度下，分别研究搅拌法、鼓泡法及喷雾法对天然气水合物生成速率的影响。记录实验过程中电阻率的变化曲线，把搅拌法、鼓泡法、喷雾法的电阻率曲线与静态生成曲线进行对比分析，从而找到三种方法分别对水合物生成速率的影响程度，找到促进水合物快速生成的最优方法，使该研究成果应用于后续水合物生成的实验中，从而提高天然气水合物的生成效率，为天然气水合物的相关室内研究快速提供大量样品。

> 创新点描述

天然气水合物是继页岩气、煤层气、致密气之后最有潜力的非常规接替能源之一，它是甲烷等烃类气体或挥发性液体与水在高压低温条件下相互作用形成的结晶状笼形化合物，具有能量密度高、燃烧后无残留等特点。本项目通过对三种促进水合物生成方法的效果进行对比研究，找到促进水合物快速生成的最优方式，从而提高天然气水合物的生成效率，最大限度地节约成本和时间。

实验使用西南石油大学自己研发设计制备的天然气水合物制备系统，借助制备釜上的可视窗观察天然气水合物的生成情况，通过实时监测、采集实验过程中的温度、压力及电阻率等数据，认识海洋天然气水合物的生成规律；借助可视窗实时观察、采集及记录天然气水合物生成过程中的实验现象；通过实验结果对比分析得到了最快的天然气水合物生成方法；根据天然气水合物生成过程中的电阻率变化情况对天然气水合物的生成速率进行分析；独立开发了新研制的天然气水合物制备釜的实验方案。

学生感言

学校的课外开放性实验以开放型实验室为依托，利用现有的实验条件和资源，为本项目提供了一个将理论知识付诸实践的机会。在这个自主、开放的实践和创新平台上，团队成员的工程意识、实践能力和创新精神得到了充分的培养，大家也锤炼了坚韧不拔、勇于探索的科学求实品质。对此，我们每个人都十分感念学校的培养，也真心祝愿学校的实验实践教学在未来能够取得更好的成绩。

教师感言

在指导“国家级创新创业训练项目计划”项目的一年多时间里，几位同学认真查阅资料，对所研究的创新训练项目进行知识调研，独立开展科研工作，系统研究了海洋天然气水合物快速生成实验，取得了一定的成果。作为指导教师，我目睹了同学们的辛劳与付出，也从中有了自己的收获，相信这些，一定会成为我们人生道路上的宝贵财富。

基于水力喷射和机械作用的新型石油管道内壁清理装置研究

项目名称：基于水力喷射和机械作用的新型石油管道内壁清理装置研究

项目负责人：丛明

项目成员：张茜、李胜富、李佳悦

指导教师：王永友

项目类型：创新训练项目

项目所属一级学科：能源科学技术

起止时间：2018 年 6 月—2019 年 11 月

> 项目简介

通过调研现有石油管道清洗装置以及相关技术，并结合现场实际运用效果，发现现有设备无法满足实际需求，急需研发一种新型石油管道内部清理装置。而本项目基于水力喷射和机械清垢理论，针对输油和输气管线结蜡、结垢以及积液问题，设计出了一种克服清管移动不稳定、清管效率低、清管质量欠佳等缺陷的新型清管装置。

> 创新点描述

本装置结构简单、设计新颖、成本较低，立足于较为成熟的水力喷射理论和机械清垢理论，进行新型清管装置研究，减少了开发阻力。该装置生产成本较低，而简单的结构和新颖的设计利于施工人员操作，在时间成本上也有所节省，带来了一定的经济效益。对于运输公司来说，低成本引进高效清洁设施有利于运输成本的降低，因此该项目具有比较大的市场竞争优势。

本装置能够对石油管道内壁进行自动移动清理，清理效率和清理质量较现有装置更高，有利于节约人力物力，实现产业创新，同时，自动化设施让清理管道内壁不再成为一项难点，从而为管道运输注入了新的活力。

学生感言

在项目实施过程中，团队成员均积极参与校级开放性实验，牢固掌握了油气藏开发与石油管道设计的相关知识，同时对机械设计有着浓烈的兴趣，具有完成该项目的基本知识储备。同学们均有较强的创新能力，纷纷参与国家新型专利的申请，活跃于各类学科竞赛中，具备了一定的科研创新能力。同时，项目指导老师为本团队提供了充足的技术支持，此外，在实验室内进行模拟实验也是一项非常不错的体验。

教师感言

在项目开展的一年多时间里，团队成员共同开展科研工作，系统研究了国内外研究现状、项目已有的基础及与本项目有关的研究积累和已取得的成绩、已具备的条件等。整个过程中，师生共同努力，解决了一系列项目难点，在管道清理技术方面也有了新的发现。

纳米钻井液对钻杆与套管摩擦磨损实验研究

项目名称：纳米钻井液对钻杆与套管摩擦磨损实验研究
项目负责人：林百慧
项目成员：张嘉懿、丛明、黄尹剑、邓先强
指导教师：毛良杰
项目类型：创新训练项目
项目所属一级学科：工学
起止时间：2018 年 6 月—2019 年 11 月

> 项目简介

随着油气能源的不断发展，越来越多的高难度作业在等待人们来完成。在石油钻井行业中，钻杆与套管的摩擦磨损问题一直受到广泛的关注。因此，本项目从套管与钻杆摩擦磨损的研究入手，分析不同工况下套管与钻杆的磨损程度，分析井下套管磨损后的剩余强度。通过实验研究，了解钻井套管与钻杆的磨损状况，有利于减少钻井事故的发生，为井场挽回经济损失，也可以为钻入更复杂的油气井提供技术指导。通过调研国内外相关文献，结合实验研究，并通过系统的实验数据总结出纳米钻井液的应用现状以及相关纳米粒子的摩擦学性能。

> 创新点描述

考虑钻井液中纳米粒子粒度、含量对钻杆套管摩擦磨损性能的影响是本实验的最大特色。钻井过程中钻杆套管之间严重的摩擦磨损不仅会给钻井作业带来影响，而且可能造成钻井事故，带来不容忽视的经济损失。纳米粒子由于本身优异的理化性质，具有较好的摩擦学性能，国内外纳米粒子主要用于提升钻井液的流变性能、密度等，至于其对钻杆套管摩擦学性能的影响则研究甚少，因此本实验属于前沿项目，研究成果对于钻井工程现场作业具有一定的指导意义。

研究发现，随着纳米钻井液粒度的增加，盘表面的划痕数量减少；随着纳米钻井液粒度的增加，表面间隙增加，磨料磨损随纳米钻井液粒度的增大而减小，主要磨损机理可能随纳米钻井液粒度的增大而变化；随着粒度增加，磨损深度增加，磨损产物趋于均匀致密，C、Si、Cr 和 Fe 是磨损产物和 Cr13 钢的主要组成元素；随着纳米钻井液粒度的增加，氯含量也相应增加，氧含量则呈相反的趋势；随着纳米钻井液含量的增加，磨损深度有所增加，磨损产物趋于均匀致密。

本项目旨在为探究钻井过程中钻井液的摩擦磨损规律提供试验结论，进而为钻井时套管、钻杆的选取，钻进参数的选取，试油、完井投产及开发作业方案的制订提供指导。为此，我们创新性地改进了钻杆与套管摩擦磨损的实验装置，我们发现，纳米钻井液具有极好的摩擦学性能，可以为减少套管与钻杆间的摩擦提供极大的帮助。

学生感言

通过实验研究，团队成员了解了钻井套管与钻杆的磨损状况，总结出纳米钻井液应用现状以及相关纳米粒子摩擦学性能。当然，更让大家受益匪浅的是我们在其中学到的做人的学问与道理。项目的顺利完成离不开老师的耐心指导，更离不开同学们之间的互相配合，这是我们所有人大学生活里极为宝贵的一份经历。

教师感言

在项目开展的一年多时间里，各位同学认真查阅资料，开展科研工作。在项目研究过程中，同学们制订了完整的研究计划和预计的完成时间。虽然也偶尔会受限于自身知识储备的不足，但最终还是取得了一些能够解决实际问题的科研成果。其间，师生共同探讨学术问题，互相促进，成为我科研教学过程中一次非常难忘的经历。同时，也希望同学们以后继续努力，多多参加这样的科研项目，努力提升自己。

页岩自吸作用行为研究

项目名称：页岩自吸作用行为研究
项目负责人：张蔷
项目成员：曾秀权、温洁茹、苏俊铭
指导教师：曾凡辉
项目类型：创新训练项目
项目所属一级学科：能源
起止时间：2018 年 6 月—2019 年 11 月

项目简介

目前，有效的开采页岩气需要依赖于水力压裂技术，期间泵入大量的压裂液进入地层造缝，并在压裂后期对压裂液进行返排。页岩压裂后返排率普遍低于 30%，与常规油气藏相比，页岩返排率与产量之间无明显正相关关系，有时甚至成负相关。页岩气井压裂后经过长达几个月的焖井后，气量显著增加，且水量减少。页岩气井返排的难点在于研究返排率低的原因以及了解返排率高低对产量的影响。

创新点描述

页岩气井返排率低的影响因素主要包括自吸作用、裂缝闭合和重力分异等，针对裂缝闭合及重力分异，砂岩、火山岩与页岩的作用方式及结果并无明显不同，但是页岩的自吸作用与砂岩等存在显著差别。本项目观察页岩微观结构及进行参数测试，使用各类实验仪器分析页岩的孔隙结构、孔喉结构和孔径分布情况，进行全岩矿物成分及粘土矿物成分测试，测定页岩表面润湿接触角。通过页岩自吸作用实验研究及分析，测试分析了页岩储层性质、自吸液体性质以及自吸方式等因素对自吸能力的影响；分析了自吸作用对页岩微观结构及物性参数的影响；对页岩微观孔隙结构变化进行了定性及定量分析，分析了自吸作用对页岩物性的影响；基于自吸特征的页岩返排特征分析及自吸作用规律实验结果，对国内三个典型页岩区块的自吸能力以及返排特征进行解释分析。

本项目设计了无围压和有围压情况下的两种自吸实验装置，建立了一套完整的页岩自吸作用规律实验测试及评价方法；研究自吸能力对页岩质量损失百分比以及孔渗变化倍数的影响；定义微裂缝时间，得到自吸能力与微裂缝时间的关系；结合自吸实验及现场返排结果，拟探索页岩自吸能力和返排率的关系，以及富含蒙脱石或伊蒙混层、天然裂缝发育以及地层骨架应力越低的页岩自吸能力的大小，并且探究胶液比、改造体积以及焖井时间是否有利于页岩自吸。

学生感言

通过参与为期一年多的创新训练，作为本科生的我们，从开始寻找项目到申请立项撰写立项申请书，从进行具体分工、查阅参考资料到确定实验原理、实施方案并寻找创新点，从联系购买实验仪器到对仪器进行使用，从合理安排实验到对实验细节进行打磨，从经历失败、不断改正到进行最后的总结。凡此种种，我们不仅仅收获了实验的成功，更学到了在工作中严谨仔细、坚持不懈和善于思考总结的可贵精神。感谢学校给我们的这次机会，相信这些经验也能对我们未来的学习和生活起到一定的促进作用。

教师感言

在研究“国创计划”项目的一年多时间里，张蔷等四位同学共同设计围压条件以及无围压条件下的自吸实验装置，建立自吸实验结果评价方法，形成了一套完整的页岩自吸作用规律。希望他们今后可以继续努力，将自己的所学所得运用于实践，不断提升自己的能力，更多地参与此类项目。

断层蠕滑条件下跨断层埋地输气管道的渐进性破坏机制及抗错断措施

项目名称：断层蠕滑条件下跨断层埋地输气管道的渐进性破坏机制及抗错断措施
项目负责人：胡沁迪
项目成员：张瀚、李可昕、叶子航
指导教师：曲宏略
项目类型：创新训练项目
项目所属一级学科：地质资源与地质工程
起止时间：2017 年 6 月—2018 年 11 月

项目简介

现代社会，天然气管道在我们当前经济中发挥的作用至关重要。即使只有极小部分的损坏，也会影响整个管道网络的服务。断层活动引发的地震、滑坡和地面位移等可能导致输油气管道产生褶皱、发生扭曲甚至是断裂，造成管道接口和部分管段损坏，从而严重威胁管道的稳定和安全。然而，当今的埋地输气管道在穿过大型地质区域时，不可避免地会在不良地质区域进行施工，尤其是断层等地质活跃地带。因此，对断层蠕滑条件下跨断层埋地输气管道的渐进性破坏机制进行研究具有重要意义。

本项目以土力学实验、模型建设、理论分析、数值分析和 ANSYS 软件技术等为手段，考虑断层的类型、倾角和管道直径、管材等因素，建立管—土体接触模型，进行断层的确切模拟，提出跨断层隧道的抗错断措施，为进行跨断层管道工程安全、经济、合理的抗震设计提供新思路。

创新点描述

通过跨断层管道在断层作用下的计算机仿真试验研究，获得跨断层管道在不同参数下的应力—应变响应规律，根据数值模拟结果，提出针对跨断层管道埋地管道的合理、有效的抗震抗错断措施。

利用有限元软件 ABAQUS/Standard 对跨断层埋地输气管道的力学模型进行数值模拟。在状态非线性理论的基础上，建立管—土摩擦接触模型，模拟管道和土体之间的滑移、分离和闭合现象。管材选用三折线本构模型，土体选用 Mohr-Coulomb 模型，考虑断层错动位移荷载的施加方式，确定模型的边界条件。通过应力/应变—管道轴向长度曲线图研究不同断层类型、错动量、管材、场地土和管土间的摩擦系数等参数对埋地管道的影响，分析埋地管道在不同参数影响下的变形规律，以及应力/应变沿管轴方向的分布以及管道和土体在断层错动下的相互影响和潜在破坏位置，通过塑性耗散能评估管道的损伤程度。研究结果表明，埋地输气管道的响应特性与断层类型密切相关，对逆断层最为敏感。管道应力应变峰值出现在断层两侧附近，即管道的潜在破坏位置，为研究跨断层埋地管道的抗震措施提供了参考依据。

项目研究过程中的主要特色有，第一，考虑了多种因素对埋地输气管道破坏形式的影响，采用控制变量法，分别模拟不同参数下的破坏响应。第二，此研究与以往研究最大的不同之处在于研究的是管道在断层蠕滑条件下的渐进性破坏机制，突出了断层的蠕滑条件。管道的破坏是一个渐进的过程，研究的目的就是要模拟此过程。

项目研究的技术路线特色有以下几点：第一，收集国内外现有对跨断层埋地输气管道在断层作用下破坏机制的研究资料及文献，分析并总结前人在理论解析、数值模拟和实验研究中的成果，在此基础上优化自己的研究。第二，进行基础理论研究。基于壳体理论，管道模型由壳单元选取；基于有限元理论，土体模型由实体单元选取；基于非线性理论，选取断层类型（正、逆、平移断层）。第三，在基础理论研究后，使用 ANSYS 开始建模并加载，分析不同参数下管道的应力应变反应，如断层类型（正、逆、平移）及错动量（1.2m、1.4m、1.6m）、管材（X60、X70）、管径（0.8m、1.0m、1.2m）因素的影响。第四，根据参数分析结果，总结出断层蠕滑条件下埋地输气管道的渐进性破坏机制，并提出合理有效的跨断层埋地管道的抗震措施。

学生感言

通过为期一年多的“国创计划”项目，团队成员对自己的专业有了更为深入的了解，涉猎了埋地输气管道领域，明白了埋地输气管道的重要意义。在老师的指导以及同学间的互相帮助下，我们顺利地完成了本次项目。在这个过程中我懂得了，我们不仅要学习知识，还要把学到的知识进行应用迁移，并在此基础上进行创新，这不仅有利于贯彻理论与实际相结合的学习原则，也充分体现了大学生的创新精神。这次经历不仅激励我在以后的学习中更加深入地理解专业知识，还使我形成了独立展开科学研究的能力，令人受益匪浅。

教师感言

在“国创计划”项目开展的一年多时间里，胡沁迪、张瀚、李可昕、叶子航四位同学从开始的调研，到撰写文献综述、建模、计算等都积极参与其中，他们在思维相互碰撞的同时又独立负责各自的工作，最终共同顺利完成了整个研究。在研究过程中，师生共同探讨学术问题，互相促进，也是我科研教学过程中一次难忘的经历。

基于测井和BP神经网络开展川中地区杂卤石识别方法研究

项目名称：基于测井和BP神经网络开展川中地区杂卤石识别方法研究

项目负责人：朱明月

项目成员：黄林林、刘杏、谢韦峰、李曦

指导教师：陈科贵、李龙珂

项目类型：创新训练项目

项目所属一级学科：勘查技术与工程

起止时间：2017年6月—2018年11月

项目简介

川中地区下中三叠统地层石膏、岩盐广泛发育，岩性复杂，杂卤石识别困难。本项目以川中地区钾盐测井资料为基础，以BP神经网络为手段，以测井方法与原理为指导；首先利用测井资料识别杂卤石，然后利用模式识别法中的Fisher判别分析法和BP神经网络编写程序，输入钾盐测井资料，建立模型识别杂卤石；通过对比分析，不断优化约束条件，改进编写程序，优化模式识别方法，提高识别准确率，最终建立杂卤石识别模型，并在其他地区进行推广。

创新点描述

在测井方面，前人对于杂卤石的识别主要利用常规的测井组合方法以及交会图法，这些方法都建立在研究者的肉眼观察和测井解释经验之上，识别速度较慢，并会产生一定的误差，在模式识别方面应用较少。尤其在研究集中地川中地区，部分井的杂卤石并不纯，多含石膏质，有些甚至为杂卤石膏岩，这使得用测井曲线识别杂卤石类别、判断杂卤石含量非常困难。

模式识别诞生于20世纪20年代，随着40年代计算机的出现，50年代人工智能的兴起，模式识别在60年代初迅速发展成为一门学科。它所研究的理论和方法在很多科学和技术领域得到了广泛的重视，推动了人工智能系统的发展，扩大了计算机应用的可能性。近年来，基于模式识别技术的各类方法技术在测井资料储层识别领域得到了广泛的应用，也取得了较好的结果。如神经网络技术、灰色系统方法、分形理论等。国内外很多大专院校、科研机构、测井公司都在研究利用测井曲线模式识别技术来分析地层，如沉积相识别、沉积环境解释、储气层识别、油水层识别与分析等。但由于地质结构复杂，各地区差异较大，目前尚未形成一套完整的识别分析体系。因此，利用该方法识别固体钾矿，为寻找钾资源提供了新的思路。

本次研究在测井资料和录井资料的基础上，使用模式识别方法并不断优化约束条件来识别杂卤石，然后进一步对杂卤石含量高低做出判断与划分，最后用准确的录井分析结果和模型识别结果进行对比，对模型的识别能力进行评价。运用不同的模式识别方法识别杂卤石这种思路拓展了测井资料在杂卤石等含钾矿物识别中的运用，并为后期运用测井资料找寻其他类别钾盐矿物提供了良好的参考。

将聚类分析和BP神经网络引入杂卤石识别领域，构建杂卤石识别模型，对杂卤石层、白云岩、石膏、石盐以及绿豆岩等岩层进行岩性识别。将识别结果与录井结果相对比，识别效果良好，识别准确率均在80%以上，其中BP神经网络模型的识别准确率最高达92%。项目组讨论并分析了影响杂卤石识别结果的因素，对建立的模式识别程序进行改进，得出了一套适用于川中地区杂卤石识别的改进模式识别方法。

学生感言

真的很高兴自己可以有机会参加大学生创新训练项目。兴趣是最好的老师，在项目研究过程中，我学到了很多，对中国的钾盐矿物识别情况有了更为深入的了解。项目的开展需要团队的合作与交流，它不仅关系着项目的进度，而且关系着一个团队能否坚持到最后。在这次比赛中，每个成员都发挥了自身的长处，使得项目进展很是顺利，团队合作的重要性由此可见一斑。在项目开展期间，我作为活动的主要参与者之一，依托本创新训练项目参加了2018年“创青春”四川省创新创业大赛，并获得了省级“银奖”。

教师感言

在创新训练项目开展的一年多时间里，朱明月、黄林林、刘杏、谢韦峰、李曦几位同学认真负责、踏实肯干，积极开展文献调研工作，深入研究了基于测井和BP神经网络的杂卤石识别方法。在此过程中，师生间彼此交流，共同探讨，收获了许多心得与体会，其中有知识上的，也有生活、做人方面的。相信这次经历可以为我们以后提供巨大的帮助与动力，使我们“更上一层楼”。

页岩矿物组分和孔隙度与热导率的关系研究

项目名称：页岩矿物组分和孔隙度与热导率的关系研究
项目负责人：李莲庆
项目成员：林海宇、贾婉婷、谢静峰、白国帅
指导教师：程超
项目类型：创新训练项目
项目所属一级学科：地质资源与地质工程
起止时间：2018 年—2019 年 9 月

项目简介

本项目以川南龙马溪组深层含气页岩为研究对象，以实验室测试为主要研究手段，开展了岩石学和矿物学特征分析，进行了常规物性测试和热导率等参数测试。基于实验数据，研究了页岩的热物理特性，首次探讨了页岩矿物组成、孔隙度、TOC 含量、温度等与页岩热导率的关系，并基本搞清了这些因素对热导率的影响机理，揭示了热效应引起页岩的其他岩石物理参数变化的规律。以此研究成果为基础，可以继续探讨热效应对富有机质页岩微观孔隙结构的响应，进一步分析页岩吸附机理，为页岩吸附气含量准确评价提供了新的思路。

创新点描述

前人主要研究了火山岩、碳酸盐岩和砂岩热物理性质的影响因素以及与其他物理性质间的变化规律。而对于富有机质页岩在热物理性质方面的基础研究却鲜有报道，特别是有机质含量对热导率的影响。

在此基础上，本项目取得的主要认识有：其一，页岩热导率与矿物组分关系密切，其中黄铁矿和石英对热导率值贡献最大，热导率随着黏土矿物含

量的增加而增加。其二，页岩热导率随物性的变好而下降。孔隙度越小，岩石颗粒之间就接触得越紧密，使得热量的传递更加容易。其三，页岩热导率总体上随 TOC 含量的增加而减小，但是在 TOC 含量多与少的条件下，热导率下降幅度的大小有所不同。其四，页岩热导率随温度的变化规律不明显。

本项目成果将对富有机质页岩热物理性质实验数据库形成补充，对于研究富有机质页岩热导率对页岩储层的影响、探索基于热导率参数的页岩储层评价新方法具有重要的理论意义，将为页岩气的热解有机孔和含气量评价这一重大难题提供新的研究思路，具有广阔的应用前景。

以此项目为基础，可以继续探讨热效应对富有机质页岩微观孔隙结构的响应，重点探讨热导率参数与有机孔形成和发育的关系，建立富有机质页岩热解有机孔与热导率的关系模型，对于有机孔的测井评价具有重要意义。

在本研究成果的基础上，可以继续探讨页岩热导率参数对天然气吸附量的影响规律，并基于热传导方程、气体分子运动理论和吸附理论建立新的含气量计算方法，这将有助于突破目前页岩气含气量准确定量评价的研究瓶颈。

学生感言

在项目之初，团队成员对研究项目没有一个较为明确的概念，大家从“零”开始到逐渐找到方向，全靠程老师的悉心指引。整个“国创计划”项目的关键词是“页岩热导率”，想要得到热导率这个参数，首先要知道实验的原理是什么；哪些因素可能会影响热导率的大小；研究对象“页岩”有哪些特点需要在做实验时多加注意；做出来的实验数据是否在合理的分布范围，如果不在，又是什么原因。在分析矿物组分、物性等因素对热导率的影响机理时，还要参考其他文献的分析方法。因此，我们首先掌握了查阅文献资料的方法和阅读文献的技巧，学习了岩石热物理性质和热导率实验测试原理的相关知识，并制订了整个项目的详细实施方案。在项目实施过程中，成员们一致感到收获颇丰，也基本具有了独立开展科研工作的能力。当然，我们也在其中学到了许多人生经验和做人的道理。

教师感言

在“国创计划”项目开展的一年多时间里，项目组所有人员都投入了大量的时间与精力，尤其是主研人员林海宇同学，从文献查阅、岩心制备、实验测试到实验数据分析、论文撰写，他都付出了诸多努力，做了大量的工作，从敲定项目细节，到协调整体成员的时间进度，他事无巨细，耐心落实，为项目的有序顺利开展奠定了坚实的基础。整个项目研究思路清晰，实验数据可靠，数据分析方法得当，研究成果意义重大。

埋地长输油气管道落石冲击安全防护实验研究

项目名称：埋地长输油气管道落石冲击安全防护实验研究
项目负责人：罗鑫
项目成员：廖磊、宋辉、蒋金霖
指导教师：朱大鹏、李民
项目类型：创新训练项目
项目所属一级学科：地质资源与地质工程
起止时间：2018 年 6 月—2019 年 9 月

> 项目简介

本项目依托兰成渝输油气管道某危岩危害区段工程地质条件，首先对该区段的工程地质条件进行稳定性评估，再通过 RocFall 软件进行危岩体落石轨迹及落石危害管道位置数值模拟，通过室外大型落石冲击物理模拟试验，验证并修正数值模拟结果，根据修正后的数值模拟结果进一步确定落石危害较为严重的管道周边范围。通过理论计算落石冲击力，评估落石对管道可能造成的破坏效应，提出管道落石冲击安全防护方案，并通过数值试验和模型试验进一步优化管道防护措施，最终将最优的防护措施形成发明和实用新型专利，具体如图 1 所示。

> 创新点描述

本项目是在前人的基础上研究危岩落石对埋地长输油气管道的安全影响，特色在于着眼于埋地长输油气管道，通过数值试验和模型试验，进一步优化管道防护措施。主要内容及创新点如下：

· 分析兰成渝输油气管道 K0526＋300 段的地质条件，进行边坡危岩体的稳定性评估，为本次实验提供基本支撑，同时为后续研究提供基本数据。

· 通过 Rocscience RocFall 对边坡危岩落石进行数值模拟，分析落石掉落的运动轨迹规律。

· 进行室外大型落石冲击物理模拟试验，研究落石掉落的运动轨迹规律，并与 Rocscience RocFall 数值模拟的结果进行对比分析，找出对埋地长输油气管道有重大危害的落石的大致位置。

· 对确定位置的落石进行落石冲击计算，计算出落石的冲击力，评估落石可能对管道造成的破坏效应，提出管道落石冲击安全防护方案。

· 通过数值试验和模型试验进一步优化管道防护措施，找出最经济合理的方案，并将方案转化为实用新型专利。

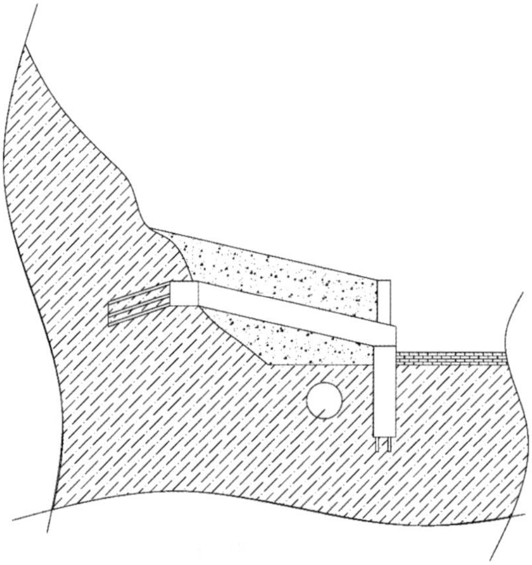

图 1　一种埋地输油气管防护落石的结构设计

学生感言

通过本次研究，我学会了许多知识，不仅锻炼了带领团队解决问题的能力，而且学会了将理论知识与现场试验相结合。在项目过程中，我们团队遇到了许多前所未见的困难，学会了充分借鉴前人的经验来解决自己的问题。为了将项目成果提炼为发明专利和实用新型专利，我从零开始学习撰写专利报告，为自己日后的科研工作打下了基础。当然，还要感谢我们的指导老师，正是他们悉心的指导以及无微不至的关怀，才使项目得以顺利开展。

教师感言

在大创项目的实施过程中，项目组师生都投入了很大的精力，努力从实践中优化参数设计，将理论与实际相结合。罗鑫同学作为负责人表现突出，从团队分工到文献调研，再到实验测试分析及专利撰写，他都付出了很多努力，相信整个团队也收获良多。作为指导老师，我更加明白了实践对于培养学生的重要性，也更加体会到了师生一同讨论项目难点的艰辛与喜悦，对于我而言，这也是自己科研教学过程中一次难得的经历。

矿山法隧道洞内排水优化设计

项目名称：矿山法隧道洞内排水优化设计
项目负责人：张玉申
项目成员：耿翱鹏、何磊、李建霖、赵冠企
指导教师：李雪
项目类型：创新训练项目
项目所属一级学科：地球科学
起止时间：2018 年 6 月—2019 年 9 月

项目简介

本项目旨在对国内外不同的矿山法隧道的排水方式进行研究，针对当前多种隧道排水系统的优缺点，系统地分析多种情况下的排水特征，如排水沟位置为深埋形式，排水沟移设到仰拱填充层、仰拱下面或衬砌拱脚外侧等。对矿山法隧道洞内排水沟进行优化设计，设计一种用于矿山法隧道的新型排水系统，在衬砌背后形成一个纵横交错、不易堵塞、较为通畅的排水系统，可为矿山法洞内的排水设计提供参考。同时，针对因隧道特殊条件的限制而无法直观感受一般情况下的隧道实际排水系统不利于学生理解和分析问题的情况，提供一种用于教学的矿山法隧道排水模型演示装置，该装置能够直观地反映隧道排水的具体情况，便于学生理解分析，提升教学效果，同时还能增强教学的趣味性。

创新点描述

水对于隧道建设的影响极其显著，矿山法隧道洞内排水一直是工程领域亟需研究的重要项目。前期项目组通过调研相关文献和现场实地考察分析了现阶段矿山法隧道洞内排水方案的优缺点，对不足之处提出了相关的改进措施。

本项目首次系统研究了多种矿山法隧道洞内排水系统的差异性，分析现阶段矿山法隧道洞内排水方案的优缺点，设计一种用于矿山法隧道新型的排水系统。

项目的主要特征在于，包括隧道衬砌，沿衬砌外壁周边设有环向排水管，在衬砌外壁还设有纵向排水管，在衬砌底部设有横向排水管，且横向排水管、环向排水管以及纵向排水管连通；在仰拱处设有中央排水沟，且横向排水管与中央排水沟连通；在中央排水沟两侧设有路面排水浅槽，其通过横向排水盲沟与中央排水沟连通（如图 1、图 2、图 3 所示）。相关成果已经申报国家专利并获得授权。

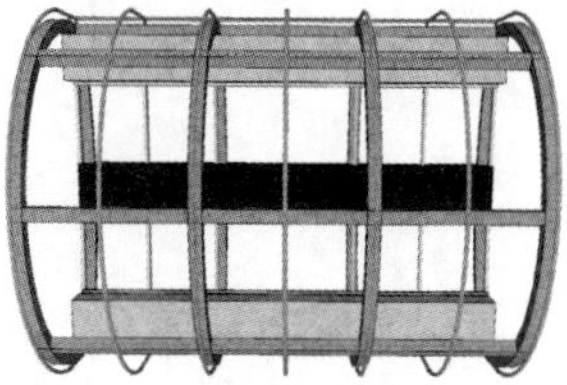

图 1　矿山法隧道排水设计模型俯视图

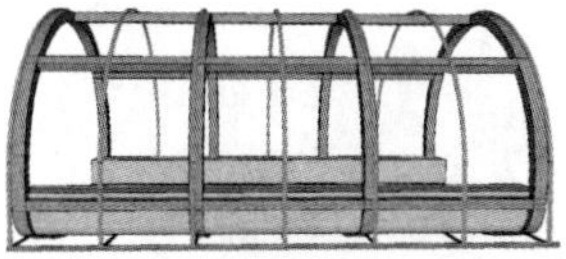

图 2　矿山法隧道排水设计模型侧视图

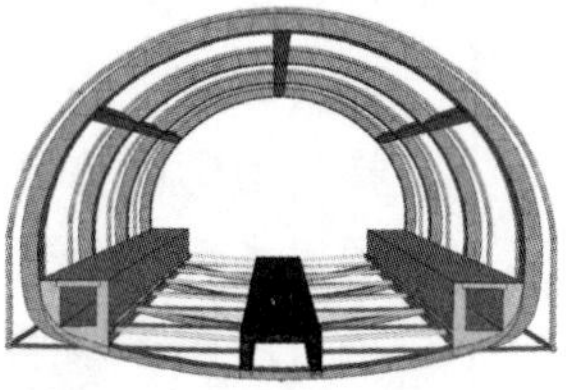

图 3　矿山法隧道排水设计模型正视图

学生感言

团队成员在为期两年的“国创计划”项目研究过程中，不仅学习了矿山法隧道排水系统的相关知识，提高了文献调研、现场考察分析的能力，还学会了模型装置的设计、制作与相关成果专利的申报流程，在指导老师的帮助下，基本具备了独立开展科研工作的能力。同时还培养了团队合作的意识，在科研意识、动手能力、写作水平、语言表达等方面都有了一定的提高。

教师感言

在“国创计划”项目开展的一年多时间里，张玉申、耿翱鹏、何磊、李建霖和赵冠企五位同学认真进行文献调研，积极参与现场考察，分析现阶段矿山法隧道洞内排水方案的优缺点，对不足之处提出改进措施。为了更为方便地观察隧道排水，他们付出了诸多努力，完成了对原有方案的改进，形成了新的设计方案模型。在项目研究过程中，从问题提出、研究分析到方案讨论，我们每个人的科研水平都有了极大的提升。

川东北深地钾盐测井评价研究

项目名称：川东北深地钾盐测井评价研究
项目负责人：黎孟承
项目成员：郑鸿献、程金龙
指导教师：陈科贵、李民
项目类型：创新训练项目
项目所属一级学科：勘查技术与工程
起止时间：2018 年 6 月—2019 年 9 月

> 项目简介

杂卤石是一种含硫酸钾、硫酸镁、硫酸钙和结晶水的非金属矿物，是四川盆地主要的钾矿物。其中川东北地区钾盐资源的勘探潜力巨大，是国内钾盐勘探的重点勘探靶区之一。但是目前针对研究区钾盐的研究尚未深入，也未形成一套完整的地球物理勘探体系。本项目以测井、录井和地质等资料为基础，以测井方法理论和数理统计理论为指导，开展研究区固态钾盐和液态钾盐测井响应特征研究，使用机器学习方法和数理统计方法识别出地层中的杂卤石、泥岩、盐岩等矿物，划分钾盐层段，完成重点井精细测井解释，进行钾盐地下展布研究。最后将准确的录井、岩心分析结果和识别结果进行对比，评价识别效果，形成一套适合于研究区的钾盐地球物理勘探评价方法。

> 创新点描述

在测井方面，前人对于杂卤石的识别主要利用常规的测井组合方法以及交会图法，存在一定的误差，模式识别的方法应用较少。本研究将支持向量机（Support Vector Machine，SVM）引入固态钾盐识别领域，建立机器学习的杂卤石定性识别方法，在原有的基础上进行了优化，利用 PSO 作为优化的一个算子，寻找到了最优训练参数 LIBSVM 模型。结果发现，该方法相比于常规测井识别法，不仅识别速度快，而且准确率高、操作方便，具有良好的推广应用前景。

项目以川中地区杂卤石储层为研究对象，基于岩心分析资料、测井资料以及录井资料，首先对杂卤石的测井响应特征进行了分析总结，同时使用常规测井识别法和交会图法对杂卤石进行识别。通过将识别结果与录井分析资料进行对比，发现常规测井识别方法虽然有一定的区分度，但由于受研究区内杂卤石不纯等因素影响，识别精度不高。

将 SVM 引入杂卤石识别领域，采用 PSO 作为优化领域中的一个有效算法，应用在 SVM 参数寻优过程中可以取得良好的效果。从处理过的 565 个样本数据中随机选择 400 个样本作为模型的训练集，其余的 165 个样本作为测试集，构建杂卤石识别模型，对杂卤石层、白云岩、石膏、石盐以及绿豆岩等岩层进行岩性识别，其中训练集和测试集数据分别来自不同钻井中的测井解释数据。利用通过 PSO 算法寻找到的最优参数训练 LIBSVM 模型对训练集数据进行分类识别，将最终的识别结果与录井结果相对比，发现识别效果良好，其识别准确率均达 90%，然后用已经创建好的模型对测试集进行预测，预测正确率达 97.5%，效果良好。

学生感言

在为期一年多的“国创计划”项目中，团队成员不仅掌握了查阅文献资料的能力，还了解了杂卤石的测井响应特征，掌握了运用测井组合法、交会图法和机器学习法识别杂卤石的方法和原理，掌握了 MATLAB 的基本操作流程，提高了编程方面的能力。依托于本次创新训练项目，团队成员还参加了 2018 年和 2019 年“东方杯”全国大学生地球物理勘探大赛，并取得了国家级三等奖的好成绩。

教师感言

在“国创计划”项目开展的一年多时间里，黎孟承、郑鸿献和程金龙三位同学认真查阅资料，独立开展科研工作，他们的学习能力、研究能力和创新能力都得到了一定的提高，也希望他们以此为契机，在今后的学习中再接再厉，取得更好的成绩。

GeoServer 与 OpenLayer 支持下的长输管线巡检系统设计

项目名称：GeoServer 与 OpenLayer 支持下的长输管线巡检系统设计
项目负责人：王燕
项目成员：刘新、焦若琳
指导教师：唐章英
项目类型：创新训练项目
项目所属一级学科：地理学
起止时间：2018 年 6 月—2019 年 9 月

项目简介

天然气具有易燃、易爆、易挥发的性质，并且管道运输距离较长，中途经过的区域较广，受地理条件和社会条件的限制，在建设长输管道的时候，不得不对管道的安全运营情况加以考虑。本项目旨在针对长输管道安全维护方面的工作，设计出一个有助于对长输管道进行更方便维护管理的数字化巡检系统。该系统以新建和整合的方式模拟建立某天然气作业区管道维护调度中心，集中实时地展示和处理管道维护过程。通过系统整合，采用模拟 GPS 定位为监测巡检人员提供实时地理位置信息，同时上传管道维护过程中的重要信息，并且研发出地图自定义标注功能以及查询某个区域面积大小的功能。

创新点描述

随着天然气管线的大量铺设，传统的人工巡检和手工记录方式的局限性逐渐呈现出来，信息技术的发展使得管线的管理模式有了新的方法，特别是 GIS 技术越来越普遍地应用于管线管理，为管线的正常运行提供了技术支撑。本系统包括开发环境选择、数据处理与存储、数据发布与可视化等内容，旨在实现地图基本操作、几何测量、地图定位、隐患查看与统计等功能。测试表明，本系统为长输管线的研究提供了现实的管理方案，具有一定的参考价值。

系统充分展现了互联网覆盖下信息高效集成与交换的过程，并且采用ArcGIS用户界面工具条方式优化了系统界面。通过权衡主流的两套开源软件，从软件适用性、数据安全性、经济成本简约性、知识易学性等特点着眼并最终决定：GIS服务器选用GeoServer及OpenLayer作为地图框架搭建工具，运用QGIS软件进行数据处理、样式搭配以及数据入库接口，采用具有空间扩展功能的PostgreSQL作为数据库，数据传输格式采用JSON数据结构。系统对研究长输管线管理问题起到了重要的参考意义，特别是为长输油气管线的自动化、可视化管理提供了初步方案。

本系统存在很大的扩展性，后期可以基于JSP应用实现管线自动配图而不需要GeoServer手动发布地图。另外，随着基础设施的完善和各类硬件设施性能的提升，本系统可以做出更加灵活的设计，如结合监测传感设备、视频监测设备、机器人等设施以及物联网、VR等应用进行开发，这将会使管线管理与维护更加高效精准。

学生感言

通过参加这次创新创业项目，我和同学们都收获了很多。项目参与较为强调学生的自主性、探索性、实践性和协作性，强调创新思维和创新实践方面的收获，号召同学们不为得到成果而设计，而重在实施过程中运用所学知识，充分发挥自己的主观能动性，使自己得到锻炼和提升。这一年多的经历使我们受益匪浅，相信将是我们成长路上的一笔宝贵财富。

教师感言

在和同学们一起完成创新创业项目的一年多时间里，我亲眼见证了三位同学科研能力方面的成长。在系统框架的搭建、系统数据库的建立、系统功能的设计与测试等不同环节，同学们都能认真地查阅文献资料，在关键问题上反复讨论，不断总结经验、吸取教训，养成了良好的科学研究习惯。

基于聚乙烯亚胺的荧光传感器制备

项目名称：基于聚乙烯亚胺的荧光传感器制备
项目负责人：杨洪
项目成员：熊婷婷、王良辰、杜伟萍
指导教师：王娜
项目类型：创新训练项目
项目所属一级学科：化学工程与技术
起止时间：2018—2019 年

项目简介

本项目提出了一种基于有机荧光聚合物包覆纳米金的“开—关—开”式 Cr（Ⅵ）和 Fe（Ⅱ）离子荧光传感器。在已有的实验基础上，合成了一种基于甲醛修饰聚乙烯亚胺的纳米荧光材料。实验表明，Cr（Ⅵ）离子可猝灭荧光，材料可以用于检测水中的 Cr（Ⅵ）离子。考察了缓冲溶液 pH、反应时间以及合成溶液稀释倍数对传感器性能的影响，考察了传感器性能，包括线性范围、灵敏度和精密度，还考察了传感器的选择性。通过紫外可见光谱、荧光光谱、荧光寿命和透射电镜等表征手段研究所制备的传感器被 Cr（Ⅵ）猝灭和 Fe（Ⅱ）恢复的机理。传感器可以应用于对自然水环境中的 Cr（Ⅵ）的检测，与同类的荧光传感器相比，其对 Cr（Ⅵ）的检测限也满足世界卫生组织的要求，具有可目视化、易实现商品化的优点，具有推广价值，同时也提供了一种 Cr 离子价态鉴别的方法。另外，通过 Fe（Ⅱ）与 Cr（Ⅵ）之间的氧化还原反应可以恢复猝灭了的荧光强度，该传感器具有“开—关”性能。将其应用于具有致癌性的 Cr（Ⅵ）离子检测，可以实时、快速地监控水环境中的 Cr（Ⅵ），有利于保护环境和实施监控。

创新点描述

Cr（Ⅵ）化合物具有致癌性，被世界卫生组织列为一级致癌物，因此，在环境中监测 Cr（Ⅵ）是非常重要的。目前有很多的铬离子检测方法报道，包括原子吸收光谱法、紫外可见分光光度法、原子荧光法、化学发光法和电化学法等。其中基于荧光现象所建立的荧光传感器是一种简便、灵敏且具有良好选择性的检测技术，在过去的十年中，荧光传感器已经成为生物化学和环境分析的重要研究领域，并且由于它们在荧光测定中的灵敏度和选择性引起了极大的关注。小有机分子、无机量子点、重金属纳米材料和聚合物已经产生了深远的影响，并赋予现代传感器系统卓越的性能。在这些传感器中，基于聚合物的传感器由于其信号放大、易于制造成芯片或微阵列、多功能输出和其他益处而逐渐受到关注。聚乙烯亚胺（PEI）是一种具有丰富氨基的阳离子水溶性聚合物。一些报道已经揭示了 PEI 和醛（或酮）的氨基可以反应产生荧光聚合物，其中荧光来自希夫碱键，已经有报道基于这种荧光希夫碱聚合物和由其改性的贵金属纳米团簇的荧光传感器。这些传感器对目标分子具有高灵敏度和选择性。聚乙烯亚胺是一种多胺，由于富含胺，在纳米材料的合成和表面改性过程中可以作为有效的稳定剂。基于超支化聚乙烯亚胺（hPEI）保护的银、铜、金纳米簇的荧光传感器已被报道用于检测铜离子、双氧水、葡萄糖和卤素离子等。本项目提出了一种基于甲醛改性的超支化聚乙烯亚胺包覆的纳米金颗粒的荧光聚合物，并将其用于水环境中 Cr（Ⅵ）的检测，其灵敏度达到世界卫生组织的要求，同时具有目视化、可再生等优点，是一种未报道过的具有良好应用前景的 Cr（Ⅵ）传感器。

该传感器的荧光强度以及传感器的响应行为取决于缓冲溶液的 pH 值和传感器的稀释量。当用 pH 2.0 缓冲溶液稀释 50 倍时，传感器对 Cr（Ⅵ）浓度在 2.8～5.9μm 和 5.9～29μm 之间呈现良好的线性响应，计算的检测限为 0.63 μm（$S/N=3$）。干扰性研究和实际样品分析表现出令人满意的选择性和可靠性结果。此外，Fe（Ⅱ）离子可以恢复被猝灭的荧光强度，这为检测 Fe（Ⅱ）离子提供了一种潜在的方法。还研究了荧光猝灭和恢复的机理，提出了荧光猝灭机理是基于内部电子转移和内滤效应的共同作用，恢复机理是基于 Cr（Ⅵ）和 Fe（Ⅱ）离子之间的氧化还原反应。

学生感言

实验期间，基于前期的规划以及相关资料的查阅整理，实验得以十分顺利地开展，有条不紊地朝着预期目标靠近。这期间难免有一些错误和挫折，但是也正因如此，才让我们更深刻地意识到了何为宝贵的科研精神。因此，我们学会了很多东西，不仅仅是相关的知识储备，还有很多无法从课本上学到的能力，包括严谨的学习态度、缜密的逻辑思维、有条理的实验步骤设计及有目标的前进方案等。此外，我们还形成了良好的探究能力、独立思考能力、实验信息动手能力、沟通交流能力以及团结协作能力等。最后，也要真挚地感谢老师在实验中对我们的启蒙和耐心指导。

教师感言

本项目利用甲醛修饰的聚乙烯亚胺包覆纳米金并将其应用于环境中致癌物 Cr（Ⅵ）的检测，具有一定的科学价值和研究意义。研究路线设计合理，研究方法科学严谨，数据可靠，得到了较为有价值的结论。项目组成员在第二届全国大学生生命科学竞赛中获得了二等奖，取得了历史性的突破，是我校学生首次获得该项赛事的国家级奖项。另外，发表了 SCI 论文一篇，申请并获批实用新型专利一项，均是在创新训练期间所获得的成果。项目经费规划和使用合理，成员配合默契，达到了预期目标。

复合硫的木质纤维素凝胶聚合物电解质的锂硫电池

项目名称：复合硫的木质纤维素凝胶聚合物电解质的锂硫电池
项目负责人：钟浩
项目成员：李柏霖、胡鑫、李昭雨
指导教师：黄韵
项目类型：创业训练项目
项目所属一级学科：化学
起止时间：2018 年 6 月—2019 年 12 月

项目简介

本项目以天然高分子木质纤维素为基体，通过化学反应，使硫复合进隔膜，制备凝胶聚合物电解质，改进锂硫电池的隔膜性能。同时，碳硫化合物作为正极的锂硫电池，在一定程度上解决了锂多硫化合物溶于电解液的问题。硫的导电性较差，不利于电池的高倍率性能。硫在充放电过程中，体积的扩大缩小幅度非常大，有可能导致电池损坏等问题。

凝胶聚合物电解质拥有远高于固体聚合物电解质的离子电导率，又可以解决液体电解质泄漏导致的安全问题，因而广受关注。凝胶聚合物电解质由聚合物、增塑剂、锂盐和有机液体组成，研究成熟的聚合物基体有聚氧化乙烯、聚丙烯腈、聚甲基丙烯酸甲酯和聚偏氟乙烯等，大多来源于石油工业，电池失效废弃后难以降解，会造成严重的环境问题，因此，开发环境友好型天然高分子基体材料迫在眉睫。然而，当前研究的天然高分子材料如纤维素、壳聚糖、橡胶、蛋白质等难以表现出令人满意的电化学性能，如离子电导率、锂离子迁移数较低和电池可逆容量较差。

创新点描述

本项目所使用的主要原料为木质纤维素，它来源于木本植物，成本低廉，使用它作为原材料，一方面降低了成本，另一方面制成的隔膜容易降解，废弃后也不会污染环境，对环境有一定的保护作用。

另一种主要元素单质硫具有储量丰富、低毒性、价格低廉等优点，同时也是一种非常有吸引力的二次锂电池的正极活性物质。通过引入单质硫来达到掺杂硫的目的，不仅能够降低成本，同时也能有效提高所制隔膜的电化学性能。

传统聚烯烃类隔膜无法抑制聚硫离子的穿梭效应，这一问题将导致复合硫电池的性能随着使用时间的增加而逐渐衰减，这大大降低了复合硫电池的使用寿命，也加大了电池的成本。而本项目所制备的复合硫的木质纤维素隔膜能有效抑制穿梭效应，降低锂硫电池的容量衰减率，延长电池的循环寿命，提升电池性能，让电池更耐用，在一定程度上减轻电池的废弃量，对环境有保护作用。通过有效实验得出该电池具有良好的循环性能，其首次放电比容量为 1538.2mAhg^{-1}，60 个循环后仍然为 1235.4mAhg^{-1}，容量保持高达 80.3%。扫描电镜表明，复合膜中纤维条交错形成的三维网络结构有利于液体电解质的吸收，保证较好的电化学性能。能谱仪的测试结果说明硫成功掺入并均匀分布。离子电导率、锂离子迁移数、电化学稳定性窗口、电极相容性等表明电化学性能分析该电池所使用的改性后的隔膜具有较高的离子电导率和锂离子迁移数。其室温离子电导率和锂离子迁移数分别为 1.5210^{-3} S/cm 和 0.79，远高于商业隔膜的电导率和锂离子迁移数。

为了增加隔膜的机械强度，本项目使用了淀粉，淀粉分子量大、结构松散、绿色可降解。淀粉糊具有较高的粘度，与木质纤维素复合会提高复合膜的力学性能，使复合物原料结合紧密。但是淀粉的过量引入对复合膜的电化学性能具有一定的影响，所以我们通过多次尝试找到了最佳配比。

为了解决单质硫不溶于水和大多数有机溶剂的问题，本项目采用间接复合硫单质的方法，先采用硫代硫酸钠与淀粉和木质纤维素制备聚合物复合膜，然后采用滴加低浓度盐酸的方式与硫代硫酸钠反应，将单质硫留在隔膜的多孔结构中。并用去离子水冲洗多余物质，反复操作后即可得到复合硫的木质纤维素隔膜，但是滴加速度和方式需注意，不可破坏隔膜结构。

学生感言

通过这次创业训练项目计划，我们深入了解了锂硫电池的相关制作方法和性能测试，在增进自身理论知识的同时也极大地锻炼了成员的动手能力和团队的协调配合能力。通过这次研究项目，团队成员对科研也产生了浓厚的兴趣，也对通过自身努力得到的实验成果感到欣喜不已，希望以后也能从事相关研究。此外，也很感谢黄韵老师对我们的指导，在她的悉心指点下，我们团队共同克服了一个又一个难题，最终取得了令人较为满意的成绩。

教师感言

在该项目的实践过程中，项目成员分工明确，认真查阅资料，独立开展科研工作，系统研究了复合硫的木质纤维素凝胶聚合物电解质的相关知识和操作方法。每个人都养成了独立思考、严谨做事的实干精神。在项目研究过程中，师生共同探讨学术问题，彼此交流心得与经验，互相激励，互相促进，毋庸置疑是我科研教学过程中一次极其难忘的经历。

高性能纤维增强环氧基复合材料的绿色回收

项目名称：高性能纤维增强环氧基复合材料的绿色回收
项目负责人：王文静、李蒙瑶
项目成员：曾岚、陈云心、张维
指导教师：王斌
项目类型：创新训练项目
项目所属一级学科：化学
起止时间：2018 年 6 月—2019 年 11 月

项目简介

本项目针对当下几种热门的高性能纤维复合材料（玻璃纤维、碳纤维和芳纶纤维复合材料）进行研究，试图以多种降解基材的方式对这些纤维复合材料进行回收。在回收过程中，团队对基材的破坏机制进行测试与分析，对纤维增强体损伤的最小化提出了较系统的回收技术参数和技术方案。最大限度上实现了目前成本较高的高性能纤维复合材料（玻璃纤维、芳香族聚酰胺类及碳纤维）的二次利用，通过降低工程实际当中产生的成本来实现利润增长。它能够促使工程应用当中的复合材料构件及零件的大规模回收。同时，该研究应当在后期体现出较为深刻的理论价值，在多组分聚合物选择性降解的研究方向体现出相当的价值。先进高分子材料及其复合材料相对于传统金属材料、无机非金属材料而言，具有低密度、高强度、化学及热力学稳定性等不可取代的适应现代科技与工程领域发展的极佳优势，有着较大的可行性和先进性，针对高分子复合材料回收工作的研究也会成为推动上述先进材料研究体系发展的重要组成部分。

> 创新点描述

该项目在开放性项目实验当中针对芳纶纤维增强环氧树脂复合材料的湿化学回收方法做了系列工作，摸索出了基于湿化学回收法由回收液浓度、比例、作用时间及温度等多个因子互相影响的最佳工作参数并针对工程实际当中的复合材料构件、零件采取了多元化回收手段。例如，实验室协助山东省某油田化工企业针对废弃的玻璃钢包覆碳纤维复合材料抽油杆进行了基于热解回收与化学溶剂回收的研究，成功得到了与原始纤维性能类似的增强体纤维，对于新构件的二次制造具有重大意义，具有极大的市场潜力与经济价值。

> 学生感言 <

在“国创计划”项目中，团队成员不仅学习了复合材料回收可采取的方式等诸多相关专业知识，掌握了快速准确地查阅文献资料的方法，还学会了实验操作的相关知识与实验仪器的操作流程，基本具有了独立开展科研工作的能力。另外，也十分感谢学校能为我们提供良好的实验环境和实验设备，感谢王老师尽心专业的教导。除此之外，项目还锻炼了成员在团队中的领导与分工合作能力，这些收获对我们今后的科研工作大有裨益。

> 教师感言 <

在项目研究过程中，王文静和李蒙瑶两位同学带领小组成员认真查阅文献资料，自主完成研究及测试工作。同学们身上有着认真钻研的精神和学以致用的热情与想法，这些正是科研所需要且非常难能可贵的。与同学们之间的交流与探讨是一个互相促进、互相学习的过程，也成为我科研教学中一次较为宝贵的经历。

页岩气水平井用高强度高韧性晶须水泥浆体系研究

项目名称：页岩气水平井用高强度高韧性晶须水泥浆体系研究
项目负责人：杜琴岚
项目成员：高哲、卿清、郭长远
指导教师：李明
项目类型：创新训练项目
项目所属一级学科：材料科学
起止时间：2018 年 4 月—2019 年 10 月

项目简介

页岩气水平井后期需要进行大型的水力压裂，对固井水泥环的性能提出了较高的要求和挑战。因此，页岩气井固井水泥浆技术也成为近年来国内外固井工程领域研究的重点之一。本项目针对目前水泥石性能难以满足液岩井后期储层改造要求等固井难题，旨在研发一个具有韧性微膨胀的水泥浆体系，建立相关配套工艺技术，使其抗冲击能力和体积收缩值达到适宜值，从而满足页岩气井后期“大排量、大规模”水力压裂及长期开采的要求。

项目旨在通过 SEM 测试观察晶须的微观形貌，通过激光粒度计测试两类晶须的粒度分布，通过 XRD 测试获取晶须的物相成分，以及晶须对水泥石力学性能影响的探究，得出晶须的最佳掺量和获取最优性能的复配掺量配方，从而提高页岩气水平井的质量。

创新点描述

固井水泥石这一类脆性材料在井下的复杂应力环境中易遭受破坏，从而降低其封固能力，而增韧材料可增韧水泥石。同时，有关水泥石完整性的评价方法可用于指导增韧材料的研发。页岩气井固井不仅要求水泥环有一定的强度，而且还要具备较好的抗形变能力和较低幅度的体积收缩，为此，团队建立了一整套晶须水泥浆的技术路线图，在此基础上形成一个密度可调、综合性能良好、力学性能优异的高强度高韧性晶须水泥浆体系。

通过对晶须基本性能的了解与评价，研究晶须材料及其加量对水泥浆性能的影响以及油井水泥的三轴力学性能，得出优选的晶须材料，有利于保障页岩气井固井水泥环的长期完整性。通过晶须水泥石 X 射线衍射分析、红外光谱和热重分析、孔隙分析得出晶须水泥浆与纯水泥在性能上的区别，探讨了不同尺度晶须对水泥石的增韧机理。因地制宜，选择确定水泥浆体系配方，室内按照 API 操作规范对配方进行了水泥浆综合性能测试，对水泥浆的特殊性能指标进行评价，对解决各种固井难题和提高固井质量具有十分重要的现实和理论意义。通过对不同水泥浆体系的静胶凝强度、防气窜性能进行分析得到浆静胶凝曲线图和失重实验曲线图，对孔隙结构组成和渗透率进行测试分析得出晶须水泥浆与原水泥浆的异同。确定适宜晶须材料的水泥浆体系，利用扫描电镜分析了净浆水泥浆和晶须水泥浆的微观结构，分别得到了净浆水泥石和晶须水泥浆的 SEM 图，对各晶须水泥浆进行评价，为选择高强度高韧性晶须水泥浆体系提供理论基础。

学生感言

这次为期一年半的创新实验为我们大家提供了一个创新思维、思考问题、解决问题的机会。一项新型体系研究，需要的不仅是探索和尝试，更需要把新的思路、方法转化成具体的实验。通过参与这次创新项目，我的组织能力、合作能力及沟通能力也得到了充分的锻炼。作为负责人，我在项目启动阶段就开始了对后续计划的安排，包括每阶段的具体工作。此外，团队的合作沟通也是必不可少的。通过不断的磨合，大家逐渐适应了各项研究工作，按部就班开展分工合作，工作效率得到了明显提高。

一个项目从最初的想法到成为最终成果，不仅需要项目组成员的共同努力，还需要指导老师的悉心点拨，在此，也十分感谢李老师对我们的帮助。

教师感言

在指导该创新训练项目的一年时间里，同学们分工明确，努力完成好自己负责的各项任务，认真查阅相关资料，独立开展科研工作，调研相关情况，掌握了水泥石增韧材料研究的现状。在项目研究过程中，我与学生共同探讨学术问题，共同成长。这项研究不仅是对学生的一次锻炼和提高，也是对我多年来教学经验的一个系统总结，让我获益良多。

一体式贵金属负载 $g-C_3N_4$ 光催化剂的制备及在太阳能转换方面的应用

项目名称：一体式贵金属负载 $g-C_3N_4$ 光催化剂的制备及在太阳能转换方面的应用
项目负责人：李成金
项目成员：左一粟
指导教师：周莹
项目类型：创新训练项目
项目所属一级学科：材料科学
起止时间：2018 年 6 月—2019 年 11 月

项目简介

随着工业的快速发展以及人口增长对能源的巨大需求，化石燃料过度消耗，导致了严重的环境污染和能源危机，逐渐开始威胁人类未来的生存与发展。光催化技术（Photocatalysis）利用绿色太阳能，被认为是解决环境污染和能源危机最有前景的技术之一。在太阳光的照射下，光催化剂可以吸收光能并将其转化为化学能，用于污染物处理和清洁能源生产。因此，光催化技术的开发和应用得到了世界范围的广泛关注。

在能源清洁转化方面，本项目研究将针对当前由温室效应气体引起的全球气候变暖这一环境问题，通过合成出能够在可见光下积极响应的负载有贵金属的一体式光催化剂，将 CO_2 还原为 CO、CH_4 等工业合成的有机单体，以供生产或直接并入天然气管道使用，大大降低了目前工业合成的反应条件，减少了成本和能耗，有利于缓解能源危机。同时，研究中制备的一体式光催化剂克服了粉末材料的聚集倾向以及难以回收的缺点，提高了光催化性能和效率，有利于大规模应用。

创新点描述

本项目首次研究了不同贵金属负载对一体式 g－C_3N_4 光催化剂光还原 CO_2 性能及选择性的研究，提出一种制备一体式 g－C_3N_4 光催化剂的新方法。

GO（还原氧化石墨烯）的加入为 g－C_3N_4 提供了支撑载体，有利于提高材料的受光面积和比表面积，同时由于石墨烯为二维网状平面材料，其上富含大量电子，将极大提高光催化剂的传输效率。同时还实现了在常温常压条件下 CO_2 甲烷化，大大降低了工业成本。具体的能源清洁转化技术路线如图 1 所示。

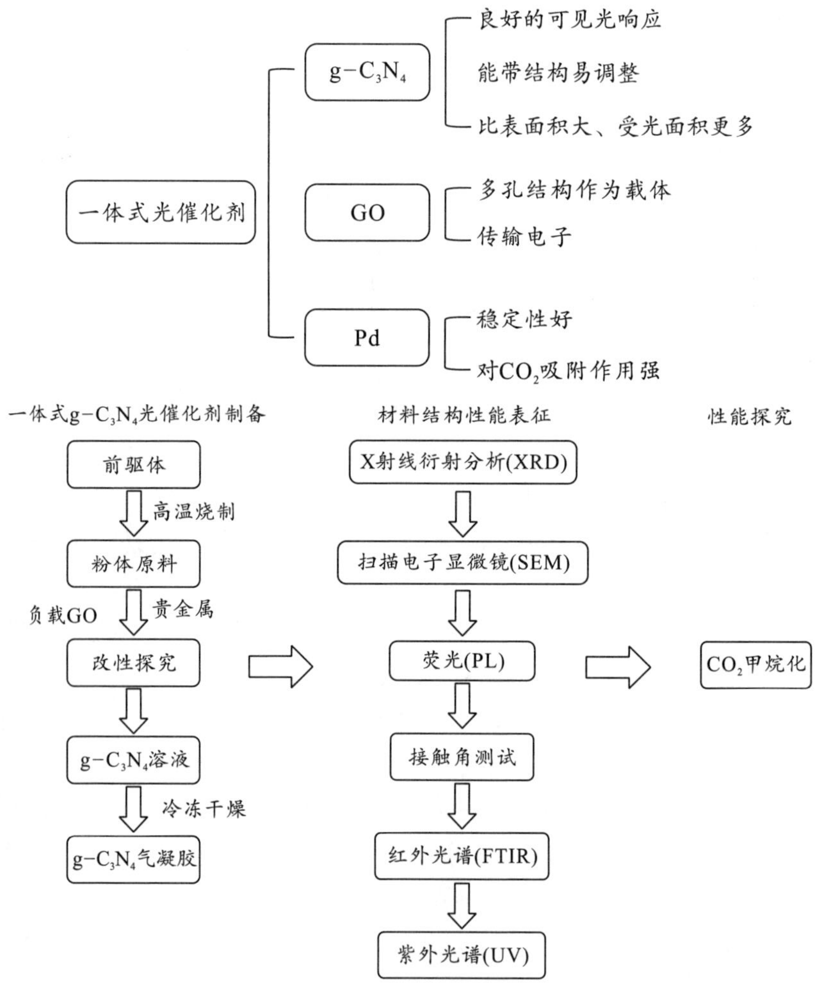

图 1　能源清洁转化技术路线

项目的主要研究成果是，通过一步原位水热法合成了 Pd/RGOA/g-C_3N_4复合光催化材料，该材料具有比表面积大、空隙率高的宏观物理特性，通过还原氧化石墨烯和石墨相氮化碳之间形成的 $\pi-\pi$ 共轭，有利于气体材料表面的吸附和活化。同时，贵金属的掺杂进一步提高了气体的定向吸附和后续光激发载流子的分离，在可见光的照射下，该材料对甲烷化转化有较高的选择性，RGOA 由于呈现黑体和表面敏化增强了其对可见光的吸收，这为气相光催化提供了一种新的设计策略。

学生感言

在创新创业训练项目开展的这一年里，项目成员各方面的能力包括调研项目、查阅文献、数据收集与处理、结果分析与讨论都得到了显著提升。非常感谢周莹老师对我们的耐心指导与悉心关怀，她身上那种对科研一丝不苟、认真负责的态度让我们很是感动，也让大家对科研工作有了不一样的认识。同时，也很感谢张瑞阳师兄在我感到困惑的时候对我进行点拨，启发我对科研有属于自己的思考。感谢左一粟同学在实验过程当中对我的帮助，他在分析处理数据方面给予了我很多极富价值的建议。

教师感言

在指导“国创计划”项目这段时间里，李成金和左一粟两位同学认真查阅资料，独立开展科研工作，所谓“一分耕耘，一分收获”，项目之所以能取得成功，离不开他们的努力与付出。在此次项目研究中，同学们积累了大量的科研经验，衷心地希望这次的科研经历有助于他们以后的学习与工作。

一种低成本、高性能、高安全性凝胶聚合物锂离子电池

项目名称：一种低成本、高性能、高安全性凝胶聚合物锂离子电池

项目负责人：赵磊

项目成员：黄一轩、殷郑丽、邓小华、李银

指导教师：黄韵

项目类型：创新训练项目

项目所属一级学科：材料科学与工程

起止时间：2017—2018 年

项目简介

当前，商业聚合物锂离子电池隔膜存在制造成本高、生产工艺复杂、电化学性能还需进一步提升以及电解质膜热稳定性差等问题。

基于此，本项目以聚甲基丙烯酸甲酯（PMMA）聚合物为基体，一种笼形低聚倍半体硅氧烷（MA－POSS）为改性填料，采用相转化法，并在成膜过程中添加了硅烷偶联剂——乙烯基三甲氧基硅烷（VTMS），成功制备出了一种低成本、电化学性能优异、机械性能良好的多孔膜，有效地规避了 PMMA 电解质膜机械性能糟糕等弊端。通常情况下，在提升凝胶聚合物电解质膜机械性能时，往往是以牺牲电解质膜更好的电化学性能为代价，但此类研究在提升电解质膜的机械性能过程中，也会使隔膜的电化学性能得到很大的提升。此外，项目开发的锂离子电池凝胶聚合物电解质膜具有成本低廉、电化学性能更加突出、生产工艺更加简单、电解质膜热稳定性更高等突出优势。这种低成本、高性能的锂离子电池电解质膜具有广阔的应用前景，并能为今后以简单、高效的方法制备机械性能高、电化学性能优异的凝胶聚合物电解质膜提供一种较好的思路。

创新点描述

有机—无机杂化纳米复合改性材料——MA－POSS 的笼状骨架结构可赋予 MA－POSS 与其他无机粒子填料相似的改性功能，Si－O－Si 结构有利于促进体系热稳定性的提高，其笼形结构八个角上的有机取代基团是疏水的，可有效降低纳米粒子的表面能。同时，与其他无机纳米复合材料相比，MA－POSS 笼形结构上的侧链甲基丙烯酸丁酯（MA）能够增加 MA－POSS 与 PMMA 及增塑剂的相容性。此外，笼形结构和 MA 的长链可以增强 MA－POSS 分子之间的空间效应。因此，这种特殊的纳米材料可以有效提高 PMMA 基锂离子电池电解质膜的孔隙率、电化学性能及热稳定性。并且，相比于其他普通纳米材料，MA－POSS 可以有效缓解纳米粒子间的团聚作用，从而更好地发挥纳米改性填料所起的作用。

商业化的 Celgard 聚合物隔膜是以干法或湿法制备的，但是面临设备成本高、技术难度大、工艺复杂等问题。而此项目采用的制膜方法为相转化法，具有操作简单、可控、成本低、电解质膜孔隙率高以及机械性能优异等突出优势，这些都是商业化聚合物隔膜的干法/湿法等制备方法所不可比拟的。

传统的液体电解质电池面临致命的安全问题，如泄漏、可燃性和爆炸等，固体聚合物电解质由于其较差的离子电导率而未被广泛应用于实际。此项目中的二次电池并未应用上述两种电解质类型，而是采用凝胶聚合物电解质（GPE），它是电解质膜吸收电解液等之后形成的。GPE 是一种介于液体电解质与固体电解质之间的特殊状态的电解质，它兼具传统液体电解质高的离子电导率与固体电解质的可靠安全性。

学生感言

在为期一年的“国创计划”项目中，我们查阅了大量的资料，对于锂离子电池凝胶聚合物电解质这一基础前沿领域有了较为深刻的理解，同时也提升了自身的实验操作技能，基本具备了独立开展科研工作的能力，培养了我们在相关学科领域的科研兴趣，为今后的发展奠定了坚实的基础。同时，也很感谢黄韵老师，她的指导使我们少走了很多弯路，也让我们更加懂得科研与创新之间密不可分的关系。

教师感言

在指导“国创计划”项目的一年时间里，赵磊等五位同学查阅了大量资料，对相关领域有了一定的了解，之后才展开研究。在此过程中，我们遇到了许多困难，师生之间及时地交流、探讨，使问题得到了有效的解决。学生们在这一探索未知过程中的勤恳态度让我很是欣慰，同时我也与他们建立了深厚的情谊，这也成为我科研教学过程中一次难忘的经历。

硬币分类整理装置结构与可靠性研究

项目名称：硬币分类整理装置结构与可靠性研究
项目负责人：谭仕建
项目成员：戴海龙、杨晓辉、姚久江、赵雨佳
指导教师：黄建明
项目类型：创新训练项目
项目所属一级学科：机械工程
起止时间：2016—2018 年

> 项目简介

当今社会，随着人们生活水平的不断提高、生活节奏的加快、无人售票和自动售货机的推广，硬币流通量大大增加，银行、公交车和大型超市等需要对硬币进行大量清分的领域越来越广泛，特别是公交公司、金融部门等，每天要对大量硬币进行分类，工作量巨大，硬币难分离、难清点和难整理的新闻随处可见。

虽然市场上已经有了各种硬币分类机，但由于价格昂贵、硬币分离和整理的效率不高、整体结构较为复杂及功能单一等原因，始终未能得到真正的推广，因此急需一种自动化程度较高的硬币清点、计数、整理一体机。

针对上述研究背景，我们研制了硬币分类整理装置，本装置实现了硬币的分类、整理和计数三大功能，极大地提高了硬币分离的效率和准确率。

> 创新点描述

项目对硬币分离机的工作原理以及发展现状进行文献调研，结合实际应用中的操作要求，研制出了一种分离高效而准确并且集整理打包于一体的装置。本装置结构简单、操作简便、高效准确、成本低廉，具有实用价值和推广意义。综合分析，具有以下创新点：

· 实现了硬币的分类、整理和计数三大功能。

· 采用压力传感器，计数准确。相比于其他计数装置，本装置的最大优势是采用压力传感器计数。压力传感器的特点是计数准确，可以先分离再计数，即使分离错误，也可以将错的硬币挑出来再计数，从而保证百分之百计数。

· 双层曲柄滑块机构送币能够保证一定的送币数量。本装置采用双层的曲柄滑块机构送币，动力源使曲柄滑块移动，再利用硬币运动的惯性进入第一层，从而保证每次进入装置的硬币量相对稳定并且不易出现卡币的情况。

· 利用硬币自身重力进行分离，第一次能够分离出大部分硬币，再进入二次分离装置，能够使分辨率达到百分之百并且有序进入收纳盒。

· 装置下端采用四个可移动刹车的万向轮，既能够保证装置的稳定性，也能方便装置的移动，从而实现不限制装置的使用地点。

· 收纳盒入口采用外廓为圆弧形的硬币导向器，使硬币能够有序进入收纳量筒并自动堆叠整齐，从而实现硬币整理打包功能。

现在我们的机器可在持续投币的基础上实现每分钟清点 800 枚硬币，下一步我们计划将机器改进为铝合金材质，减小摩擦系数，清点速度可达每分钟 1500 枚，从而大大提高效率。未来，我们着重实现机器的可折叠式，使它可以轻松简单地搬运组装，从而减少运输费用和组装费用。在机器完成打包的最后功能后，会计存档是必要的步骤，传统方式是人工清点再登记入册。考虑到这一步骤，我们计划将机器与电脑相连接，实现在硬币清点的过程中直接录入总值，这样不仅可以避免复杂的二次人工操作，还可以避免假账坏账等情况的发生。

学生感言

在为期两年的“国创计划”项目中，项目成员不仅熟悉了产品设计和制作改进的全流程，还深刻体会到一个好的作品必须经过反复优化和改进才能逐步趋于完美。无数个日子里，为了同一个目标，我们挑灯夜战，努力拼搏。虽然也曾感到山穷水尽，但老师一次次抽丝剥茧的分析又让我们豁然开朗。每一次问题的成功解决，都会带给我们极大的鼓舞和激励，都让我们感到无比兴奋和喜悦。在项目实施过程中，我们自主学习、分析问题和解决问题的能力有了极大的提升，综合素质和团队协作能力也得到了一定的发展。

教师感言

在指导“国创计划”项目的两年时间里，谭仕建等几位同学认真查阅资料，独立开展市场调研并提出自己的想法，利用3D打印和现代加工制造技术进行产品试制，不断对产品性能和外观进行优化和完善，直至最后比较完美地实现产品功能。在此过程中，他们极大地提高了自身分析问题和解决复杂工程问题的能力，也提升了自身的综合素质，希望他们今后再接再厉，再添实绩。

基于无线车载网络的高效匿名认证系统工程

项目名称：基于无线车载网络的高效匿名认证系统工程
项目负责人：刘帅
项目成员：赵顺杰、宗晓宁、张丽、王力宏
指导教师：张晓均、何小曼
项目类型：创新训练项目
项目所属一级学科：计算机科学与技术
起止时间：2017—2018 年

项目简介

本项目公开了一种基于车联网的具有隐私保护作用的轻量级匿名认证方法，包括车联网系统初始化步骤、车载通信单元私钥产生步骤、可匿名认证的保密信息产生步骤、信息解密、验证步骤以及匿名身份追踪步骤。通过可信中心为智能车辆产生匿名身份以及匿名身份的私钥，结合 ElGamal 加密算法以及变型的 Schnorr 签名算法产生可匿名的信息，并且在认证协议中对传输的信息实现加密传输，只有路边基站单元的私钥才能进行解密。在产生肇事争端时，还可以对匿名身份进行追踪，具有重要的实际应用前景。

创新点描述

本项目选题源于无线车载网络的前沿应用场景，通过设计新颖的轻量级安全数字聚合签名算法，即设计并改进椭圆曲线数字签名算法为线性同态聚合签名算法，结合假名机制，进一步构造轻量级匿名认证系统，使之能够有效适用于无线车载网络。同时，该系统调用 ElGamal 加密算法将移动车辆的身份进行加密，保证移动车辆的机密性，而且该系统能抵抗前向安全攻击，即便某个时刻敌手攻破并拥有了一个移动车辆的全部信息，也不能根据这些信息追踪到之前的认证信息。此外，本研究项目设计的匿名认证系统可以同时批量认证多个移动车辆的身份，具有重要的应用价值。

智能车联网是由固定网络设施、网络管理中心、路边网络接入点、移动节点（如装有通信设备和传感器的车辆）以及它们之间的无线网络连接组合而成。智能车联网最主要也最重要的服务是提供智能驾乘和保障交通安全。但是智能车联网存在大量的问题隐患，在这些问题未解决之间，很难对其真正进行部署。由于智能车联网是一种移动车载自组织网络，并且所面向的群体大多是普通的车辆用户，环境多为开放的交通环境，所以智能车联网的数据安全和网络安全尤为重要。

目前，智能车联网面临各种各样的攻击威胁，如拒绝服务攻击、广播干预等对消息可用性的威胁，伪装攻击、重放攻击和消息篡改、位置欺骗等对消息真实性的威胁。无线车载网络因为节点间频繁进行消息交换，并且交换过程均在无线环境中进行，因此消息保密性的威胁极大。面临如此多样的威胁，首先，必须确保消息的认证性和完整性，因为通信过程中“生死攸关的消息”不能被修改。其次，消息的保密性也十分重要，其类似于访问控制，以确保不同用户安全地获得对应的消息。而在尽全力保护用户隐私的同时，还需要在消息陷入争议时进行追溯，即实施有条件的隐私保护。最后，实时高效性必须得到保障，以确保系统功能有效发挥。

在基于隐私保护的车联网身份认证系统中，最普遍的一种攻击就是 Sybil 攻击。在现有的 Sybil 攻击检测方案中，大多需要路边的基础设施进行协助。为了解决对信任中心实施恶意攻击并获取非法密钥的问题，车辆在请求信任中心时必须提交身份和认证口令，所有合法车辆的身份和口令都嵌套在信任中心，当且仅当验证通过时才可获取私钥。此外，由于匿名认证方案的使用，可能存在无法对车辆进行追踪的缺陷。比如车辆肇事逃逸后，无法对其真实身份进行追踪。因此，为了解决以上问题，研究设计适合于智能车联网场景的具有隐私保护的轻量级匿名认证方法，追踪肇事智能车辆的身份，具有十分重要的应用前景。

> 学生感言 <

在为期两年的“创新训练”项目中，项目成员对无线车载网络有了初步的了解，并且深入地学习了在车载网络中应该如何保护隐私数据。同时，在此过程中，我们掌握了查阅文献资料的能力，学会了许多密码学算法及其应用，基本具有了独立开发项目的能力。同时，在和张老师的接触过程中，同学们不仅学到了丰富的知识，还体会到了许多做人的道理，受益良多。

> 教师感言 <

在创新训练项目推进的两年时间里，刘帅、赵顺杰、宗晓宁三位同学主动学习匿名认证算法，制订详细的策划案并设计开发出完整的系统。张丽和王力宏两位同学积极研究相关算法，认真查阅资料，整理和完善项目内容，在后期的程序仿真调试工作中起到了重要作用。几位同学科学分工，妥善安排研究内容，成为项目顺利推进并获得成功的关键。在和他们的交流切磋过程中，我也学到了很多，于我而言，这两年的研究工作也是印象深刻、值得回味的一段经历。

基于无线体域网的云存储医疗数据轻量级自审计系统

项目名称：基于无线体域网的云存储医疗数据轻量级自审计系统
项目负责人：黄治杰
项目成员：张经伟、周邓、刘易民
指导教师：张晓均
项目类型：创新训练项目
项目所属一级学科：计算机科学与技术
起止时间：2017—2018 年

项目简介

本项目基于无线体域网的云存储医疗数据轻量级自审计系统，将医疗大数据文件压缩成消息认证码，将椭圆曲线数字签名算法改进为线性同态聚合签名算法，利用此签名算法对医疗数据的消息认证码进行数字签名，并将医疗数据文件进行轻量级流密码加密，最后将医疗数据的签名和密文一起存放在基于无线体域网的云服务器。项目旨在保证云用户医疗数据的机密性，同时协助云用户验证存储在云辅助医疗系统的医疗数据的完整性，且有效检测出云医疗数据是否被篡改，从而防止医生的临床误诊。

创新点描述

该审计系统考虑到云用户医疗数据的敏感性和隐私性，并没有直接委派第三方审计者帮助其审计远程医疗数据的完整性，而是由云用户亲自负责，一定程度上降低了第三方审计者了解医疗数据的概率。此外，将医疗数据文件进行轻量级流密码加密，这样保证了云用户医疗数据的机密性，避免了云服务商内部掌握医疗信息。

该审计系统为了区分存储在云端的数据文件的位置，给每一个文件确定了一个唯一的有序标识索引，云用户调用轻量级数字签名算法对这个标识索引进行数字签名，这样当云用户想对远程云存储数据进行完整性检测时，只需先对索引标识进行签名有效性验证，如果不能通过，便不再继续之后的审计过程，有效避免了云用户的额外开销。

该审计系统还构造了同态消息认证码，可以将云用户的医疗大数据文件压缩成非常短的数据块，提高了签名速度。此外，该私有审计系统具有很强的伸缩性，可以同时批量审计多个医疗数据文件，并且只需计算有限的倍点运算就能成功验证存储在云服务器上的数据完整性，不需要计算开销较大的模指数运算和双线性对运算，此外，考虑到移动终端用户，我们设计的私有审计系统也不需要云用户直接计算，而是采用预计算模式，调用外包的倍数和算法实现，特别适用于需要轻量级计算量、存储空间有限的无线体域网的应用场景。

该审计系统具有可跨平台的特性。由于此系统由 Java 语言编写，而编译后的 Java 程序可直接在不同的平台上运行而不用重新编译，这一特性使得此审计系统可以在大多数平台上使用，达到了方便用户的目的。

学生感言

在为期两年的创新训练项目中，项目成员不断努力丰富自身，不仅学习了密码学的相关知识，掌握了查阅文献资料的能力，还了解了数据安全的重要性；学会了如何运用已有知识去解决遇到的问题，基本具备了独立开发项目的能力。同时，在和张老师的接触过程中，我们更是从他身上学到了谦虚、谨慎、严肃、认真的学术态度。相信在往后的学术研究中，无论遇到何种困难，我们都会知难而上，永不退缩，不轻言放弃。

教师感言

在创新训练项目开展的两年时间里，黄治杰、张经伟两位同学主动学习密码学和网络安全的相关知识，制定详细的策划案，并设计开发出完整的研究系统。周邓和刘易民两位同学积极研究相关算法，认真查阅资料，整理完善项目内容，在后期的程序仿真调试工作中起到了重要作用。在项目研究过程中，大家共同探讨学术问题，相互促进，受益良多。

基于进化算法有杆抽油系统节能降耗措施优化

项目名称：基于进化算法有杆抽油系统节能降耗措施优化
项目负责人：吕涛、郑传勋
项目成员：雷雨田、杨旭、王正学、赵松强
指导教师：汪敏、舒小立
项目类型：创新训练项目
项目所属一级学科：控制科学与工程
起止时间：2016—2017 年

项目简介

有杆泵抽油在我国 80%以上的油井中使用，然而其能耗较大，平均系统效率仅有 16%~23%。因此，研究有杆抽油系统节能降耗，具有重要的经济效益和社会意义。智能油田为有杆抽油系统积累了海量生产和措施数据，具有巨大的潜在价值。

传统有杆抽油系统过程模型多采用智能计算方法，仅仅是对输入输出变量进行静态映射。而实际系统是一个不断变化的过程，模型会随着时间的变化而变化。本项目依据有杆抽油系统生产多粒度数据模型，建立实时优化模型，对油井核心参数（生产参数—冲程、冲次、泵径、泵挂深度、动液面、平衡块位置等）、措施参数（选择措施策略、何种措施、措施间隔或周期、剂量等）和拟选措施的具体工作参数（热洗措施的排量、泵压、热洗液温度、单次热洗液总用量等）实现实时优化。

本项目拟充分利用有杆抽油系统生产大数据，以数据驱动方式系统研究节能降耗的措施优化问题，具体研究内容包括构建基于粒计算的有杆抽油系统及措施数据模型，提出基于进化算法的优化方法，实现生产措施及参数优化。

创新点描述

智能油田在建设过程中产生了大量生产和措施数据。“大数据”往往意味着“大油气”，必将在挖掘应用中实现自身的价值。为了更加有效地利用石油工业大数据，本项目结合工业的实际需求，调研国内外研究现状，创新性地提出基于视图的多粒度数据融合模型、定义预测、优化等关键问题，设计并实现相应的数据挖掘算法，最终解决抽油机井生产实践中出现的问题，为提高抽油机井产量、降低能耗、节省维护成本开辟了一条新途径。本项目的创新之处主要包括以下两点。

（1）数据驱动。

利用“数据驱动”的新视角，从海量生产及措施数据出发，将实验研究、理论研究和数值研究三种方法有效结合，利用多个学科领域的现有理论成果开展本项目的多学科交叉问题研究。有杆抽油系统生产及措施数据纷繁复杂，观察数据的角度/维度的层次结构和维度成员上的划分都影响着粒度的结构。本项目首先根据数据的来源和特点分析数据仓库中存在的粒度结构及其特性，提出粒度计算的思想，使用视图存放粒度数据，用多尺度采样实现数据的融合，最终构建基于粒计算的数据模型，设计合理的数据结构。

（2）实时动态优化模型的建立。

本项目试图从数据驱动的角度，根据地面传动系统各节点能耗参数及井下相关参数，采用敏感性分析技术，分析冲程、冲次、平衡度等因素对各子系统效率的影响程度；研究油液抽汲原理及技术，分析油井油液举升环节、传动环节（如抽油机本体、抽油机驱动电机、抽油泵、抽油杆等）、辅助环节和其他影响环节耗能上的分配关系；根据抽油过程中各参数及能量的变化规律，探索其与整体能耗之间的关联映射关系。本项目拟通过生产措施数据模型解决以下两点挖掘问题：第一，油田、油井、关键子系统的能耗预测预警；第二，有杆抽油系统多目标实时动态优化。首先，建立具有生产过程变化适应性的能耗预测模型。其次，以系统整体效益最优为目标建立有杆抽油系统动态优化模型。不仅可以对耗能较大的部分及环节进行预警，还能及时进行相关措施及核心参数优化，为有杆抽油系统智能化升级提供理论依据，提升系统效率的关键环节及主要措施，为提高系统效率提供新的思路。

学生感言

本次创新创业训练计划历时一年，期间我们学到了很多东西。对MATLAB的学习是第一个收获，MATLAB软件方便易学，具有完备的数据处理功能，相对简单高效。同时，我们对陌生问题的自学能力也在这个过程中也得到了强化。面对完全陌生的算法，我会先查找资料，自行整理理解，再寻求指导老师的帮助，以巩固对具体算法的掌握，增强了自身的实践动手能力。

过程中我们也遇到了一些挫折，如材料的收集、软件的使用等问题，最终还是通过团队协作克服了困难，获得了成功。经历种种，我们明白，挫折是一份财富，经历是一份拥有。在实验过程中难免会遇到各种各样的难题，但是我们没有退缩，还是选择迎难而上，通过反复不断的试验来完善实验结果，运用结果来反馈过程中的问题，希望在未来，我们可以取得更好的成就。

教师感言

当前，各行业竞争日趋激烈，而科学技术的迅猛发展起到了强有力的推动作用。一个国家综合竞争力的提高，需要一大批具有创新思维及科研能力的高素质人才。在该项目开展的一年时间里，吕涛带领的小组成员认真查阅资料，从事事需要帮忙到能够独立自主地完成部分研究项目的设计、实施、研究报告撰写，在科学研究和创造中不断进行自我完善。作为教师，我也在与同学们的互动中提升了自我，也更加懂得在教学中，只有尽可能地给予学生成功的体验，才能保护学生提问的积极性，不断激发和培养他们发现问题和提出问题的能力。

基于电力线载波通信的电气火灾预警诊断系统研究

项目名称：基于电力线载波通信的电气火灾预警诊断系统研究
项目负责人：母小琳
项目成员：罗思颖、杨雪梅、钟宇、黄龙
指导教师：邓魁
项目类型：创新训练项目
项目所属一级学科：仪器科学与技术
起止时间：2017—2018 年

项目简介

基于“四网融合”的理念，电力网的开发越来越深入，电力线载波通信技术日趋成熟。将电力线载波通信技术应用于火灾监测与预警系统的开发中，将极大地缩短建设周期，降低投资成本。所以基于电力线载波通信技术进行火灾监测与预警功能的研究是很有必要的，具有很高的实用价值。

本项目对于电力线载波通信技术的应用进行了深入了解，对火灾监测与预警系统进行进一步开发设计，两者技术相结合形成基于电力线载波通信技术的火灾监测与预警系统设计。该系统在火灾监测领域具有极高的应用价值，对于火灾的预防具有重大的意义。

本项目的火灾监测与预警系统的上位机界面程序采用 LabVIEW 开发环境进行设计，将选项卡设计为参数界面和监测界面从而实现监测和预警的功能。

本项目预期实现的功能包括：数据采集、处理及传输，实现多元数据采集融合，数据分析及预警算法，预警系统实验测试，模拟不同类型的火灾测试系统反应效果。

创新点描述

电力载波通信技术出现于20世纪20年代初期，随着电力系统的发展，供电网络越来越完善，覆盖面积越来越大，电力线通道成为最经济的通信媒体之一。作为信号传输通道的10kV/11kV及以上的中、高压电力线载波通信技术经过长期的研究和使用，已经日趋完善和成熟，并在实际中得到了广泛的应用。220V/380V低压电力线的传输特性不同于中、高压电力线，它的工作环境较为恶劣，且其固有的弊端，如噪声干扰强、线路阻抗小、信号衰减大和时变性大等特点使低压电力载波技术一直不能在实际应用中充分发挥作用。随着电子信息技术特别是扩频通信技术的发展和应用，低压载波通信技术在很大程度上克服了电力线的大衰减、强干扰等缺陷，提高了通信系统的生存能力。

在利用环境检测参数进行火灾判断时，对四种参数进行综合分析判断，利用简单数据融合算法建立火灾检测相关参数的判断，从而得到相关的结论。利用LabVIEW软件制作火灾监测与预警系统的上位机界面，将电力线载波通信技术应用其中，相比于普通火灾检测与预警系统，其具有传输性能优异、建设时间短、生产成本低的优点，可广泛应用于建筑物火灾监测与预警，具有很高的实际推广使用价值。

通信方式的选择对于能否在第一时间准确接收到电缆温度监测器数据具有重要意义。本系统选择了基于电力线的载波通信。电力线载波通信是电力系统特有的一种通信方式，以电力线为传输通道，具有投资少、设备简单、与电网建设同步、覆盖面与电力系统一致等优点，对于通道数量不多而需要通信覆盖的厂站数量较多，或采用其他通信方式不便的情况，可优先采用电力载波通信。

利用低压电力线载波通信技术进行温度采集具有成本低、通信准确可靠、布线容易、测点位置可随时变换等诸多优点，可以应用于医院、蔬菜种植基地大棚、大型粮库等各种温度测量场合。随着该项技术的不断完善，它必将为数据传输技术带来一场新的革命。

学生感言

通过这一年创新训练项目的开展，我深深地感受到了团队合作的重要性和必要性，感谢团队中的每一位成员，是他们不计回报的付出，让我们的项目顺利推进，并最终圆满完成。同时也非常感谢我们的指导老师，有了他的悉心指导，我们才得以顺利开展工作，并从中收获了许多锻炼与成长。共同的目标培养了我们的团队精神，学习的毅力铸就了我们坚韧不拔的精神。创业是真正流着泪的笑，掺着苦的甜，我们坚信，只要坚定信念、不断努力，成功就在不远的明天。

教师感言

本项目让学生对于电力线载波通讯技术的应用进行了深入了解，有利于对火灾监测与预警系统进行进一步开发设计，两者技术相结合形成基于电力线载波通信技术的火灾监测与预警系统设计。该系统在火灾监测领域具有极高的应用价值，对于火灾的预防具有重大意义。

基于扫频反射分析法的 10kV 电力电缆状态评估

项目名称：基于扫频反射分析法的 10kV 电力电缆状态评估
项目负责人：林钰
项目成员：曾蕊、陈位发、葛茗瑞、李中云、张珂嘉、张阳、左芸裴
指导教师：张安安、李茜
项目类型：创新训练项目
项目所属一级学科：电气工程
起止时间：2017—2018 年

项目简介

本项目主要进行 10 kV 电压等级电缆的非破坏性试验在多点绝缘缺陷及精确定位领域的研究。重点是基于局部阻抗测量的方法，提出了基于阻抗变化的深入故障分析方案，对该方案的技术有效性及对绝缘缺陷类型的识别效果进行试验。试验结果表明，该方案可促进电缆非破坏性试验研究的新技术发展，有利于提高破坏性检测技术的评估水平。同时，本方案采取的微分阻抗模型可用于精确故障定位，是区别于时域脉冲反射方法的另一种定位方案，可实现多点精确定位，便于查找多个缺陷点，并评估不同缺陷点的严重程度。项目研究成果能提升破坏性试验对电缆损伤的评估水平，同时也有利于突破长距离电缆的故障定位和老化评估的技术瓶颈，实现对多段连接电缆的一体化检测和评估，对预防性检修、城区配电网维护、提高电网可靠性有重要促进作用。

创新点描述

本项目是实验室在现有研究的基础上对新型检测方法所进行的探索实践，

主要从事高压电力电缆及电缆附件局部放电检测方面的研究，现具有完整的高压试验平台、故障模拟平台和软件仿真平台。同时，团队具有丰富的电缆附件局放信号检测分析经验。实验仪器主要包括：高压控制台、隔离变压器、无局放试验变压器、无晕耦合电容、电缆附件故障模拟装置、TektronixTDS7104数字荧光示波器等。其中，TektronixTDS7104数字荧光示波器具有1GHz带宽和10S/s采样率，同时还具有高超的测量保真度以及无与伦比的分析功能。本项目的创新点主要体现在：①基于频域反射分析法（Frequency-domain reflectometry，FDR）进行检测，与现在广泛使用的时域反射法（Time-domain reflectometry，TDR）相比，在精确识别、阻抗变化、空间解析度上具有明显优势。FDR目前主要用于精密仪器检测，但随着技术的成熟以及成本的下降，已逐渐有取代TDR之势。②与传统FDR难以识别故障类型以及多点识别难的问题相比，基于FDR的相关改进方法能够定位并识别单点、多点故障问题。通过基于FDR的最新改进方法之一的IS（Impedance spectroscopy）法，短距离电缆精确故障识别已经明显优于TDR。对于简单测试，FDR采用的定位模型已经搭建了故障位置和特征频率的对应关系式：$L=V/4F$，其中L为故障距离，F为特征频率，V为特征频率信号的传输速率。③矢量网络分析仪是一种电磁波能量的测试设备。矢量网络分析仪的原理直接取决于系统的动态范围指标，相位波动参数的测试是利用矢量网络分析仪的电子延迟功能来实现的。通过矢量网络分析仪，本项目可提供丰富的状态数据（信号相对传输速度、反射系数等诸多状态数据），使得现场检测具有评估功能，能提高状态检修的分析、预测能力。④不同于高压试验设备，基于FDR的相关改进型方法是一种非破坏性方法，对电缆和测试人员的安全有着很好的保护。

学生感言

在为期两年的“国创计划”项目中，经过老师的指导以及同学之间的相互协助，项目成员不仅学习了电力电缆传输线的相关知识，更借此机会掌握了查阅文献资料的能力。实验操作知识和实验仪器的操作流程虽然繁琐复杂，但是每一步都有其必做的理由，如此，更是帮助我们形成了严谨的科研思维习惯，使我们基本具有了独立开展科研工作的能力。这一过程不但激发了项目成员对于科研工作的兴趣，更为我们以后的科研学习奠定了一定的基础。

除此之外，还锻炼了我们的组织协调能力和语言沟通能力，对于每个人而言都是一次很好的学习与锻炼机会。

> 教师感言 <

在“基于扫频反射分析法的10kV电力电缆状态评估”项目发展的两年时间里，组内同学认真查阅资料，积极开展讨论，相互协助，共同开展科研工作，系统地研究了10kV电力电缆在扫频反射下的响应特性。对于教师来说，在此过程中与同学充分互助交流，了解了学生的学习习惯，有利于在之后的课程中更好地提升课程质量。最终，项目研究成果具有较强的实用性与创新性，对于电力电缆状态检修具有重要意义，这是项目组所有成员共同努力的结果。

一款个人消费级水下娱乐型智能机器人
——“水下精灵”

项目名称：一款个人消费级水下娱乐型智能机器人——“水下精灵”
项目负责人：王翰文
项目成员：何梓玮、周政辉、郑新宇、张钰凡、何海林
指导教师：李亚鑫、王宇
项目类型：创业训练项目
项目所属一级学科：控制科学与工程
起止时间：2018 年 4 月—2019 年 9 月

项目简介

本设计为两栖六足仿生机器人，科技含量较高。机器人陆地运动依靠舵机带动关节摆动实现，水下运动基于矢量喷口推进器。一方面，在步态研究和机械结构设计上取得了突破，能够适应复杂地形，通过性较高；另一方面，结合了矢量推进方法的多自由度腿部动作，其水下姿态调整灵活性和机动性大大提高。此外，模仿水母设计外观可大幅改善阻力、抗压特性以及机身整体质量分布，其平衡的关节设计充分综合了水下运动的灵活、平稳、机动性强和推进效率高等优点。其在结构设计创新、步态理论分析、机体防水工艺和新材料应用等方面达到了相关领域的先进水平。以它为平台，未来可搭载高清摄像机和各类传感器执行陆地及水下区域的测绘探察、数据采集、水质检测及其他特殊任务，具有广泛的应用前景和显著的社会价值。

创新点描述

技术创新。基于 $D-H$ 坐标系下的逆向运动学研究，本六足机器人将运动肢多自由度控制技术与喷水泵定向推进技术完美结合。基于多种步态控制的三自由度运动肢，可应对各种复杂地形。喷水泵与六个运动肢结合，构成

水下高性能矢量推进系统，在水下三维空间中可实现全方位的高机动性运动。水陆两栖运动模式可顺畅切换，矢量推进系统噪音较小，指向精度高，能耗较低。运动肢多自由度控制技术的控制部分由树莓派 3B+担任主控模块，配合 SSC32 舵机控制板、PiCamera、Gy953 九轴陀螺仪、深度传感器等传感器共同组成控制系统。树莓派与 PC 端在同一局域网中通过 ssh 连接，并达到实时控制、即时传输文件的效果，这种链接方式较以往的传输方式更加稳定、快速以及具有更大的有效操控范围。且未来计划在树莓派的基础上搭载基于“迅飞语音识别”的智能语音识别系统及基于卷积神经网络的图像识别系统，最终实现一款适应复杂地形智能跟随、人机交互、实时探测的两栖智能仿生机器人。

外观特色。模仿水母的形态设计外观，利用椭圆防水仓外壳可大幅改善阻力与抗压特性，利用分层式结构保证机器人整体质量的均匀分布及空间有效利用率，机器人关节设计充分综合了水下运动的灵活、平稳、机动性强和推进效率高等因素，利用 CATIA 软件进行 3D 建模、ANSYS 软件进行流体力学分析，找到理想的性能平衡。相关设计已达到国内先进水平。

防水工艺及材料。采用防水舵机驱动机器人关节活动，保证水下步态正常运行。利用热缩管的收缩紧固原理，将防水胶灌入后，使得热缩管收缩，排出残留的空气气泡，使导线间的防水效果得到改善。机身底部采用防水性螺纹盖引出程序烧录口与电源充电口，椭圆形机盖与机身采用小间隙防水密螺纹连接，并用防水胶严封，提升机体的防水性能。根据对不同位置的关节负载大小的分析，采用了不同的材质满足机器人各个部位的结构强度，关节和机身材料分别采用尼龙和铝合金材料，既保证了机体的坚韧，也满足了关节的柔韧性。未来机器人足端将采用一种基于压电效应的新型半导体应变材料，机器人可通过该材料感应不同地质，根据反馈参数调整步态，从而达到适应多种复杂地形的目的。

学生感言

在为期一年多的“国创计划”项目中，项目成员将理论联系于实际，将自动化学科知识运用于实践当中。同时也学习了查阅文献、使用相关设计软件和设计硬件电路的知识，掌握了仿生机器人的相关信息，接触了学科前沿的发展情况。通过查阅文献，我们了解了相关设计技术方面的深层次知识，现已基本具备了独立开展科研工作的能力。此外，师生和队友间都建立了融洽的关系，作品设计有始有终，且获得了一些学科竞赛的荣誉，这对我们每个人来说都是一种极大的鼓舞。

教师感言

在指导“国创计划”项目一年多的时间里，项目组几位同学精诚合作、分工协调，丰富了专业知识，增强了自身的动手能力，对人工智能相关领域的行业发展也有了清晰的认识。我们利用这款水下机器人申报了一些科研竞赛，通过外出比赛和学术交流，学生们和我本人的视野都得到了较大的开拓。大家共同探讨学术问题，攻克技术难关，丰富了参加科研竞赛活动的经验，成为我科研教学过程中一次难忘的经历。整个团队也形成了“学习—竞赛—研究”的良性循环，促进了学生的个人发展。

高精度电磁流量计的结构优化与仿真设计

项目名称：高精度电磁流量计的结构优化与仿真设计
项目负责人：黄龙
项目成员：董豪、曹洪、唐智、杨钰萍
指导教师：邓魁
项目类型：创新训练项目
项目所属一级学科：通信工程
起止时间：2018 年 6 月—2019 年 10 月

> 项目简介

使用流量计测量的一个目的是在生产过程中为管理者或控制系统提供流量参量的准确数值，以便其进行合理的判断与调节，实现优良的控制，从而提高产品的质量与产量。电磁流量计作为一种依据法拉第电磁感应定律来测量导电液体体积流量的仪表，其励磁结构（铁芯结构和线圈结构）是影响流量测量的关键因素，利用 COMSOL 多物理耦合场仿真软件对部分励磁结构下的流道内场进行仿真，可得到精度更高的电磁流量计结构。用 MATLAB 数学计算软件对大量仿真数据进行分析处理，进而分析电磁流量计流道内部的磁场，对各个指标进行综合权衡，得到一种较优的励磁结构参数，使得磁场与权重函数配合均匀，从而节省大量的人力和物力，达到提高电磁流量计精度的目的。

> 创新点描述

通过 COMSOL 多物理耦合场仿真软件，可以快速得出磁场在不同励磁结构下的分布情况，从而得出这种励磁结构电磁流量计的精度，为我们的实验和优化提供了极大的帮助。同时，利用磁场解决管道中流速分布不均所导致的测量误差，对电磁流量计进行结构优化，有利于进一步提高精度。

针对管道内磁场分布不均匀的问题，通过优化励磁结构设计了一种 6 组 12 个马鞍形线圈的电磁流量计结构，采用这种结构代替现有的电磁流量计线圈结构，以保证磁场强度均匀。对各种线圈形状的优缺点进行了对比，在查阅了大量的文献之后，尝试采用马鞍形线圈进行电磁流量计的设计。此外，使用 Creo 三维建模软件建立了不同线圈形状的电磁流量计仿真模型，再结合 COMSOL 对管道内的磁场进行仿真分析，得到马鞍形线圈产生的磁场更加均匀的结论。

针对 1 组 2 个电极结构中当流体流动不稳定时测量准确度变差以及电气噪音干扰难以消除的问题，通过设计 6 组 12 个电极获取流量信息，能够适应流场不稳定的测量场合，同时能够完全消除电气噪声干扰。本项目采用多电极信号提取的方法，将对应的两个电极分为一组，分别采集 6 组流量信号，能够获得更加丰富的样本，便于更精确地得到流量信号。

针对电磁流量计中单一传感器本身和数据处理过程中数学方法造成产品测得流量数据存在偏差的问题，提供一种多传感器数据融合方法，从而得到最优融合数据。首先，将采集的 6 组数据从小到大排列，利用分位图法设定数据离异值，淘汰数据中的无效值，确定最佳融合度数 N（$N \leqslant 6$）。其次，N 组数据服从正态分布，建立其概率密度函数，利用置信矩阵方法，人为设定数据的阈值，通过判断置信距离是否大于阈值的条件，确定 N 组数据的有效值，得到数据的关系矩阵。最终，以贝叶斯估计理论为基础，此 N 组数据仍服从二维正态分布，根据贝叶斯公式计算得出最优估计，由此得到最优融合数据的结果。

学生感言

通过参与这次项目，我们对电磁流量计的发展现状和未来有了进一步的了解，对平时所学知识的实际运用有了一定的掌握，同时也对实验室的各项操作流程更加熟悉，为今后的实验项目打下了基础。在电磁流量计项目的研究过程中，我对仪器测量也有了新的认识，并且在一定程度上了解了所学专业知识在测量技术发展方面的运用，丰富了今后就业岗位和就业方面的选择，同时也开阔了自己的视野，提升了自己的能力。

教师感言

我国现阶段的流量计多为普通流量计，测量精度不高，给很多产业带来了一定的困扰，现在，很多仪器厂商开始重视提高测量精度。电磁流量计作为一种依据法拉第电磁感应定律来测量导电液体体积流量的仪表，其励磁结构（铁芯结构和线圈结构）是影响流量测量的关键因素。电磁流量计优化提高精度的重点和难点在于如何实现结构优化和采用何种励磁方式。通过本项目，学生对电磁流量计的相关知识有了新的理解，可以利用 COMSOL 多物理耦合场仿真软件进行流道内场仿真，利用 MATLAB 科学计算与数据统计应用进行大量数据分析处理，这是一个很好的学习各项技能的过程。

基于BIM技术的建筑工程非安全区域识别及应对措施

项目名称：基于BIM技术的建筑工程非安全区域识别及应对措施
项目负责人：张卓然
项目成员：徐晓蓓、段俊文、唐勤、吴玉梅
指导教师：潘海泽
项目类型：创新训练项目
项目所属一级学科：建筑学
起止时间：2018年1月—2019年6月

项目简介

本项目从BIM的概念出发，全面阐述BIM的内涵与价值优势，结合具体案例详述BIM在建设工程项目中针对非安全区域识别的具体应用，以此为依据，提出相应的应对措施，从而实现降低安全事故、节约成本、保证建设质量的目标。本项目以基于BIM的建筑项目施工安全管理为研究对象，结合相关文献进行研究。通过对建筑施工阶段常见事故危险源的识别和将BIM技术在可视化、虚拟施工、信息共享等方面的优势应用于建筑施工安全管理进行分析，揭示施工阶段建筑安全事故的表现规律，了解和掌握基于BIM的准确识别危险源和控制安全事故风险的方法，从人、物、管理、环境四个角度综合考虑事故发生的原因，协助建设项目在施工阶段的安全管理，以进一步降低安全事故的发生率，从而最大限度地保障建筑施工安全。建立了BIM技术在建筑工程非安全区域的识别构架，并提出了应对措施。

创新点描述

在整个建筑施工安全管理工作中，最为根本的就是构建起科学合理的施工安全管理体系。为了实现这一目标，就需要在施工前期对各方面因素开展综合性的分析，对其中所涉及的对施工安全管理具有影响的危险因素予以明确，在此基础上提出具有针对性的控制措施。在实际应用中，除了应用 BIM 技术，还可以将其与多方面的技术进行有效整合，便于根据模拟结果对施工安全方案以及操作等进行调整，依靠切实可行的事前控制措施避免安全事件的发生。BIM 技术在施工模拟过程中具有动态性特点，可在建筑施工安全管理方面发挥重要作用。BIM 技术建筑施工安全管理体系主要由资料、BIM 虚拟施工以及安全管理三部分组成。整个安全管理体系的运作，先是建立资料基础（包括施工图、水文地质资料等其他建筑信息），然后根据基础资料进行 BIM 的虚拟施工，虚拟施工先是进行施工设计（包括施工技术方案、施工组织设计、安全专项设计的编制），接着是模型建立（比如三维数字模型、引入信息维度、基于 VR 虚拟施工），最后进行安全分析，评价整个方案是否可行，其中安全管理主要包括危险源识别体系和安全措施计划。若 BIM 技术建筑施工安全管理体系的评价可行，则进行安全控制；若评价不可行，则重新进行施工设计及模型建立。该系统中除了 BIM 技术外，还包括其他相关技术，如虚拟现实技术、智能监控技术和虚拟原型技术。该建筑工程管理体系能够为实际的建筑工程安全管理提供参考。在施工之前，通过危险源识别、基于 BIM 的动态施工模拟、安全检查、安全教育培训等方法使建筑施工安全管理实现从被动到主动的转变，最终实现建设项目在施工过程之前对安全事故的预警，并优化施工安全计划，降低安全事故发生的概率，提高项目管理者在工程实际中预测不利局面、把握全局、提高项目管理水平的能力。以实际案例说明在施工以前如何将基于 BIM 的建筑施工安全管理模型加以应用。BIM 技术为本研究提供了技术支持，将施工安全行为规则集成于施工模型中，并将不安全行为、不安全因素集成在一起，进行施工安全事故的监控与预警，在进行不安全行为和不安全因素的分析时采用了以下三种方法。

比较分析法。比较传统建筑工程施工安全管理模式与应用 BIM 的建筑施工安全管理模式，分析后者的优势并对具体应用提出设想。

模型分析法。通过对基于 BIM 技术建筑工程安全管理模型的构建，识别建筑施工过程中的安全隐患，以加强安全防护，提升工人的安全意识，从而减少安全事故的发生，为基于 BIM 技术的高层建筑安全管理研究提供数据支持。

案例分析法。在建立了基于 BIM 的建筑工程施工安全管理模型之后，通过工程案例对该模型实施具体应用，进一步验证该模型的可行性和实用性。

学生感言

近些年来，我国高层建筑蓬勃发展并遍布全国各个大中小城市，本文主要研究高层建筑安全管理和 BIM 技术，找出两者的契合点，将 BIM 技术在信息共享、虚拟施工、可视化、安全培训等方面的优势应用于高层建筑施工过程之前，通过协助高层建设项目在施工阶段的安全管理，进一步降低安全事故的发生率，从而最大限度地保障建筑施工安全。非常荣幸在这次大赛中能够取得这样的成绩，感谢主办方为我们提供了这样一个平台，感谢大赛委员会给了我们这样一个机会，感谢潘老师给予我们的支持和帮助，让我们有机会去展望自己的未来，去规划自己的人生。同时也要感谢所有帮助和支持我们团队的所有人，谢谢你们！

教师感言

建筑业在迅猛发展的同时也导致了许多工程安全事故，为保障从业人员的生命财产安全，作为信息化时代高端技术产物的 BIM 技术将对施工安全管理发挥至关重要的作用。利用 BIM 技术建立具体工程项目的 BIM 模型，通过专家咨询、文献调研等手段，识别出具体工程项目的非安全区域，提前发现项目实际施工过程中可能出现的坠落、碰撞等危险因素。通过优化施工方案、制定防护系统和应急措施来控制安全风险，避免和减少安全事故的发生。在“基于 BIM 技术的建筑工程非安全区域识别及应对措施”项目开展的这段时间里，团队成员认真查阅资料，独立开展科研工作，从概念出发，全面阐述 BIM 的内涵与价值优势，结合具体案例，将自己所学运用于实际。在项目的研究过程中，师生共同探讨学术问题，从中获益良多。有了这次的经历，我也会在今后的科研教学中继续努力。

基于CFD数值模拟与试验研究的小型线性油粘滞阻尼器设计

项目名称：基于CFD数值模拟与试验研究的小型线性油粘滞阻尼器设计
项目负责人：王泽明
项目成员：胡攀、张强
指导教师：唐煜
项目类型：创新训练项目
项目所属一级学科：力学
起止时间：2016年3月—2018年2月

> 项目简介

项目现有研究成果以理论成果为主，发展出了专门用于小型油粘滞阻尼器流场分析和耗能特性研究的计算流体动力学仿真方法，并研究获得了某孔板式阻尼器的恢复力滞回曲线特征和耗能特性。这些成果对于今后利用数值仿真办法进一步开展此类小型油粘滞阻尼器的海量工况研究和参数优化设计具有重要的参考价值。本项目以孔板、硅油和装油容器为基本材料，设计制作一种适用于桥梁风洞模型试验的小型线性油粘滞阻尼器。采用URANS方法和运动重叠网格计算盛液封闭容器内的薄板振动绕流问题。数值网格采用两套网格重叠布置的形式，网格运动由用户自定义函数（UDF）实现，湍流模型采用SSTk－ω模型，采用基于有限体积法的计算流体动力学软件ANSYS/Fluent，探索重叠网格运动技术在孔板式油粘滞阻尼器内流场数值分析方面的仿真能力，实现了对该类小型油粘滞阻尼器的建模分析。在此基础上，系统研究了薄板面积、运动振幅等因素对阻尼器振动薄板耗能能力的影响规律，为阻尼器参数设计提供了数据支撑。

创新点描述

薄孔板结构在液体容器内的振动是较难模拟的，常规的思路是采用现有的较为成熟的动网格技术，其缺点是网格数量较大，并且薄孔板结构运动需要通过动网格变形更新来实现，非常容易发生流体计算域网格质量畸变导致计算崩溃。结果表明，这种阻尼器的耗能能力与薄板面积基本呈线性关系，与薄板振幅的平方也呈近似线性关系，一个振动周期内薄板表面压力演化过程的流场显示，有助于增进对此类流动问题的认识。计算结果还表明，基于重叠网格技术的 CFD 数值模拟，可以较好地模拟盛液封闭容器内振动薄板的流动问题。项目研究利用商用软件 FLUENT 18.1 最新版本中推出的重叠网格技术，并创造性地采用 1 套固定背景网格和 1 套运动前景网格的组合方案，成功解决了薄孔板结构在液体容器内振动时的流场仿真问题，建立了能较好模拟油粘滞阻尼器的数值模型，为此类小型油粘滞阻尼器的建模成功探索了道路。在此基础上开展油粘滞阻尼器的数值分析，项目申请书数值研究内容已基本完成，掌握了所设计阻尼器耗能能力随油体粘度的变化规律，以及阻尼器恢复力滞回曲线受孔板布置形式的影响规律。

学生感言

在为期两年的项目研究过程中，团队成员不仅合作学习了线性油粘滞阻尼器的相关知识，掌握了查阅文献资料的能力，还学会了实验操作的相关知识，以及多种数据分析方法和模型建立方法，整体的研究思路也更加清晰。每个人都深刻理解了团队协作的重要性，同时也发现了自身知识储备方面的欠缺，为以后的学习提供了强劲的动力。

教师感言

在该项目持续开展的两年时间里，王泽明、胡攀、张强三位同学认真查阅资料，团队协作开展科研工作，合作研究了基于 CFD 数值模拟与试验研究的小型线性油粘滞阻尼器设计。在项目研究过程中，大家互相帮助，共同解决研究过程中所遇到的各种困难，相信对于每个人而言，这都是一段愉快而难忘的经历。

基于快速建造的地下空间新型钢管混凝土梁柱节点性能研究

项目名称：基于快速建造的地下空间新型钢管混凝土梁柱节点性能研究

项目负责人：王明

项目成员：武乐、许浪、江东、舒宇

指导教师：孟庆成、杜立群

项目类型：创新训练项目

项目所属一级学科：土木工程

起止时间：2017 年 3 月—2018 年 1 月

项目简介

本项目结合国内外钢管混凝土柱—混凝土梁连接节点的成果，研究受力特征合理及施工安装便捷的新型节点设计方案，并研究相应的节点设计理论计算方法，以及地下空间中钢管混凝土柱梁设计体系，通过室内实验研究，对设计的新型钢管混凝土梁柱节点的基本性能参数进行分析。通过研究分析，提出一种新型钢管混凝土柱—混凝土梁节点连接形式，同时使新节点具有构造简单、传力明确、施工方便等优点，并从理论和试验研究中推导出半经验半理论的节点计算公式及节点性能的基本参数。通过一年多的紧张工作，项目组同学在指导老师的指导下完成了预定的研究与设计工作，其中包括相关资料的收集整理，对本地区主要的地下空间结构及梁—柱节点形式的前期调研，对比分析国内外的研究情况，确定可行的适合地下空间工程结构应用的几种钢管混凝土柱—梁节点形式。该结构构造较为简单、传力明确，相对于以往的结构形式，施工更为方便。

创新点描述

对于钢管混凝土构件的研究存在各种不同的方法，其根本区别在于如何估算钢管和核心混凝土之间由于相互作用而产生的效应。这种效应的存在构成了钢管混凝土的固有特性，也导致其力学性能的复杂性。研究者们从不同的角度对钢管和核心混凝土之间的相互作用进行了分析，由于采用的研究方法不同，对这种相互作用认识的准确程度会有所不同，所获得的计算方法和计算结果自然也有所差异。但无论采用哪种办法，都有其特点，其目的都是寻找钢管混凝土结构合理科学的设计理论，进行研究时都是值得参考和借鉴的。本项目紧密联系实际工程条件，依托项目自身及相关科技厅的科技支撑计划项目等，在较为紧张的研究期内，理论联系实际，开展了较为全面的研究工作，工作包含三个主要方面的内容：基础理论研究，明确了研究的理论依据；数值仿真计算研究，对结构物性能有较为全面的认识；室内试验研究，通过试验验证了设计的可靠性与合理性。

以上工作取得的成果较为可信，具有较强的指导实际工程的意义。本次调研采用现场观测的方法，以成都市区和新都区的多、高层建筑为对象，进行地下空间结构布置的调研。调研人员分为两个小组，第一组负责成都市区，第二组负责新都区，调研人员应熟悉测距仪的使用，并对相关结构形式和地下空间有一定的认识。

测量仪器为红外线测距仪，在调研之初，就已对相关调研人员进行了仪器使用的培训。通过对所在地区繁华地段进行观察，确定调研的建筑对象，以外部观察和实际测量为手段，确定调研对象的结构形式、地下空间等，进行相关信息的收集。在调研过程中，应针对钢管混凝土柱结构形式的建筑进行重点调研。

项目本身对项目组全体同学进行了较为全面的科研实践锻炼，全体成员参与了与项目相关的各项工作，在基础理论学习、力学知识理解、数值仿真软件学习、试验研究方法、模型加工及数据测试处理方面开展了大量的相关工作，对相关知识的掌握有极大的促进作用。

学生感言

项目组成员积极参加试验工作，对试验模型加工、试验测试装置安装、试验加载、数据结果测试、数据结果整理分析等工作都有了一个新的认识，为最终的成果取得奠定了基础。在项目开展的全过程中，项目组成员都积极参与，群策群力，力求解决实际问题，并将大学专业课学习的理论知识应用到实际中去，既加强了课本知识的掌握，也进一步了解了一些科研及实际工作的内容，对以后读研及参加工作都有很好的促进作用。

整个研究过程已经结束，希望以后还有机会参与类似的项目，为今后打下较为坚实的研究基础，也感谢学校学院及指导老师给予我们这么好的学习机会。

教师感言

本项目研究工作量饱满，全体成员积极主动，项目研究路线明确、研究方法正确、研究方案可行且较为具体、研究结论可信、成果较为丰富，研究经费使用合理，本项目研究经费不足以支撑整个研究过程，尤其是试验进程，指导老师通过其他科研项目予以一定的支持，才保障了整个研究过程的顺利完成。因结题时间关系，部分试验研究成果仍在处理过程中，后期还会进一步整理并投稿相关论文，以期取得更好的效果。

整体来说项目完成情况良好，满足预期目标，项目成员均表现优异，同意按期结题。

基于数字光栅投影的结构光三维测量关键技术研究

项目名称：基于数字光栅投影的结构光三维测量关键技术研究
项目负责人：张川
项目成员：何贤宏、王新、肖龙凌
指导教师：秦大辉、肖东升
项目类型：创新训练项目
项目所属一级学科：化学
起止时间：2016 年 11 月—2018 年 6 月

> 项目简介

本项目研究并突破基于数字光栅投影的结构光三维测量技术中的关键技术，开发出适合中小企业的低成本、高精度、高稳定性的结构光三维测量系统，可以实现稳定高精度的相位计算和简单高精度的相位误差补偿算法，同时也实现了一种高精度的系统参数标定算法和一种基于神经网络的相位—高度映射算法。在相位计算过程中，光栅图像非正弦化是相位误差的主要来源。通过理论分析、模拟实验和实际测量，分析了非正弦化所引起的相位误差的特征，并在此基础上，提出了一种基于相位误差查找表的通用相位误差补偿算法。系统参数标定是结构光三维测量技术中的关键问题之一，其标定精度直接决定后续三维重建的精度，具有为提高我国中小企业的创新能力提供技术支持的潜力。

> 创新点描述

相位测量轮廓术是目前使用最为广泛的一种结构光三维形貌测量技术，在工业检测、质量控制、逆向设计、医学、虚拟现实、文物数字化和人体测量等众多领域具有广泛的应用前景。相位测量轮廓术以其非接触、高速度、高精度、大数据量等一系列优点而日益受到人们的重视和研究，另外该方法还具有受环境电磁场影响小、工作距离大、可测量非金属面及较软质材料等特点。相位测量轮廓术的测量对象主要是有表面散射特性的物体轮廓，其基本原理是“三角法”，在结构上使用了面状结构照明光，具体又可以分为莫尔轮廓术、时域相位轮廓术、空域相位轮廓术和傅立叶变换轮廓术。现有的商品化相位测量设备多使用物理光栅作为光栅图像投射装置，开发和使用成本昂贵，限制了该技术在中小企业的推广和应用。此外，还对参数标定和三维重建等关键技术进行了系统的介绍。首先，在对比现有算法优缺点的基础上，选取了对随机噪音和偶次谐波具有较好抑制作用的标准四步相移算法和具有较强稳定性的多频外差原理进行相位计算。其次，对光栅图像非正弦化所引起的相位误差进行了分析，并根据相位误差的分布规律，提出了一种简单、高精度的相位误差补偿算法；通过建立摄像机图像与投影仪图像之间的对应关系，从而使得投影仪能够间接“拍摄”标定所需的图像，进而将复杂的结构光系统参数标定转化为成熟的双目立体视觉标定。最后，简要介绍了根据光栅图像的绝对相位值和预先标定的系统参数进行三维重建的基本原理。自位测量轮廓术是采用结构光照明的一种非接触的三 E 面量方法，这种方法采用 E 弦光 HR 影，以较低廉的光学电子和数字硬件设备为基础，以较高的速度和精度获取和处理大量的三维数据，已在工业检测、实物仿形、医学诊断等领域获得了广泛应用。

学生感言

通过本项目的研究，项目成员掌握了 C++系统编程、图像处理、三维重建及计算机视觉等方面的知识和综合实现软件系统的能力，这是在课堂上学不到的。团队成员通过合作，成功开发出了适合中小企业的低成本、高精度、高稳定性的结构光三维测量系统，可以实现稳定高精度的相位计算和简单高精度的相位误差补偿算法，同时，也实现了一种高精度的系统参数标定算法和一种基于神经网络的相位—高度映射算法。本研究项目取得了预期的成果，且具有实际的应用潜力。

教师感言

在“基于数字光栅投影的结构光三维测量关键技术研究”项目开展的近两年时间里，何贤宏、王新和肖龙凌几位同学认真查阅资料，独立开展科研工作，系统研究并突破了基于数字光栅投影的结构光三维测量技术中的关键技术，开发出了适合中小企业的低成本、高精度、高稳定性的结构光三维测量系统。在项目研究过程中，师生悉心探讨学术问题，情感与研究水平并进，每个人都受益匪浅。

虚拟校园三维实景 VR 建模及用户定制功能设计与开发

项目名称：虚拟校园三维实景 VR 建模及用户定制功能设计与开发

项目负责人：王美智

项目成员：张嘉辉、廖航宇、刘静、袁国玉、魏泳西、张辉龙、黄伟

指导教师：于冰、王泽根

项目类型：创新训练项目

项目所属一级学科：测绘工程

起止时间：2017 年 7 月—2018 年 12 月

> 项目简介

根据研究目标，本项目的研究内容主要包括：校园室外和室内三维景观建模，并实现三维模型、地形数据、其他地理要素数据、属性数据等多源数据的融合；数据切片、数据缓存以及层次细节模型等策略的实现；虚拟现实交互式体验功能添加；基于用户需求的定制化功能设计与开发。

最终，通过对校园建筑物外部和内部进行精细化三维建模以及各种地物要素的构建，真实还原学校的三维场景，建立虚拟校园平台，提供校园景观展示和路径规划、交互式体验、校园办公数字化等。同时，也可以帮助学校进行对外宣传展示，使校外人群更好地了解我校。除此之外，还可为商家提供广告服务，具有较好的商业应用价值。

本项目将针对上述问题进行研究，以西南石油大学成都校区为对象，同时构建室外和室内三维景观，除基本的展示和路径指引功能外，还能实现虚拟实景交互，为校内人员提供业务功能平台，为校外人员提供展示和体验平台，为商家提供业务和产品宣传平台。此外，针对虚拟景观中大型三维场景

的现实、调度和渲染，综合采用数据切片、数据缓存以及层次细节模型等策略解决计算机硬件消耗过大和数据处理效率较低的问题。

创新点描述

采用多种技术进行数据录入。综合利用无人机航拍、三维激光扫描、地面测量数据以及现有校园规划资料进行虚拟校园三维景观建模，构筑完整的景观模型。

加强用户体验。对学校各建筑物的室内场景进行建模，实现室外和室内景观的无缝连接，二者相辅相成，能提供更加丰富全面的信息。考虑到用户使用的便捷性与有效性，在现有的基础上再结合 VR 技术，让用户能直接通过相关设备对校内景观分布、各建筑物以及内部情况进行浏览，从中获得更为全面的信息。该项技术的应用提高了“虚拟现实”校园的真实感，加强了用户体验。

实现个性化。可基于用户的需求进行该项技术的功能定制和开发，展现出该项技术的个性化，使其功能更符合使用场景并能带来更好的用户体验，该项技术个性化的实现能为校内外人员提供更全面的业务服务。

研究技术路线。获取地形数据、三维激光扫描数据、其他测量数据、航拍照片和校园规划等详细数据；对获取的详细数据进行分级预处理；将 CAD 格式建筑物各平面图与航拍影像结合，在 Sketchup、3DMax 软件环境中进行建筑物室外和室内景观建模；将所有模型拼接为校园整体，保证校园各主要部分的完整性，完成绿化带、道路、河流、植被和路灯等景观组件拼接，细化组建校园，利用 3DMax、Vray、Lumion 等软件进行渲染；检验核模型的整体性和完整性，完成相关地理的信息匹配（地理定位等）；对整体模型进行再调整，拟以金字塔分层技术、切片技术对模型数据及附加地理数据进行处理，实现快速调用和大型三维场景的高效显示和渲染；借助 VR 设备实现三维场景的交互式体验；在上述工作开展的同时，进一步收集用户需求，依据分析结果进行初步功能程序设计；拟利用 Java、SQL、HTML 等语言将功能程序作为模块进行开发，并与三维模型组件进行关联（基于浏览器/服务器模式进行开发）；将所开发的模块进行整合，并在服务器上进行部署，构建完整的虚拟校园平台；平台进行试运行和内部测试；优化调整革新。

学生感言

本课题是源于项目成员了解了智慧城市的相关理念后，结合以前对于科幻作品中虚拟世界的向往所提出的设想。虚拟校园是智慧城市的一部分，三维虚拟校园将突破以往传统二维或2.5维平面展示的局限，与VR技术相结合，旨在带给用户全新的视听体验。虚拟校园不应只局限于展示等简单的功能，而应该成为一个平台、一个载体，从而为其他更多功能的扩展提供支持。

当今无人机技术飞速发展，逐渐普及，计算机性能的提升降低了进入的门槛，这为我们进行相关研究工作提供了诸多便利，也大大提升了生产效率。本次研究的主要成果实质上是一套完整可行的、针对小范围区域构建虚拟环境生态圈的解决方案，不仅能用于校园区域，社区、商业区都可以利用这套解决方案的思路进行虚拟环境的构建及功能的设计开发。

教师感言

该项目建立了西南石油大学校园真实感三维虚拟环境，所采用的研究路线和研究方法合理，研究成果具有良好的推广价值和应用前景。项目经费主要用于数据获取、实验耗材购置、必要的资料影印、论文发表和设备维修等，使用合理。由于项目涉及的数据量较大、模型复杂、工作量大，需要一定的软件和硬件环境支撑，望能给予更多的支持。

一种非接触式智能电磁刹车装置

项目名称：一种非接触式智能电磁刹车装置
项目负责人：李红霞
项目成员：颜辉、陈施翰、谢鹏飞、陈秋池
指导教师：陈鹏磊
项目类型：创新训练项目
项目所属一级学科：机械工程
起止时间：2017 年 3 月—2018 年 11 月

项目简介

传统的各类刹车装置大多采用制动部分（如刹车片）与被制动部分（如车轮轮轴）直接接触的方式，利用接触时产生的摩擦阻力进行制动，如现在常用的盘式刹车，驾驶员脚踩刹车，通过液压助力使刹车钳向刹车盘移动，进而钳住刹车盘，产生摩擦。由于刹车盘和轮毂相连接，轮毂和轮胎相连接，则轮胎速度减慢时和地面有摩擦力，进而产生阻力进行刹车。本项目设计了一种非接触式的智能电磁刹车装置，主要运用带电线圈在磁场中所受的电磁阻力力矩对汽车进行制动，在汽车运动过程中随时测量汽车与前方障碍物的距离和相对障碍物的速度，在按下制动按钮时，制动系统根据瞬间记录的与障碍物之间的距离和与障碍物的相对速度，计算出将车停下所需的最合适的制动力矩，以此来调节制动系统中的电流大小，以此为汽车制动提供一个最合适的制动减速度。该装置可在汽车需要紧急制动时根据汽车运动情况自动分析制动所需要的合适减速度，利用电磁力矩对汽车进行制动，为汽车制动提供了一种非接触式的智能刹车装置，从而减少了事故的发生。

创新点描述

传统的接触式刹车装置不能很好地控制刹车力度，特别是在紧急情况下，驾驶员出于紧张猛踩刹车，往往容易造成事故。并且接触式刹车制动时所需的摩擦力很大，因此阻力材料磨损严重。本项目具体制动过程的实现方法是，汽车在行驶过程中，轮轴上的制动线圈处于开路状态，线圈中没有电流，不会受到阻力力矩的作用。车头上的超声波测速、测距装置随时测量前方障碍物与车头的距离和汽车相对障碍物的速度，并将测得的瞬时数据传给数据处理系统。驾驶员遇到紧急情况需要制动时，按下制动按钮，数据处理系统立即捕获当前的相应数据，制动线圈立即开路，完成汽车制动。在汽车停止后，松开制动按钮，制动力矩消失，制动停止，这点与传统的脚踏式刹车装置相同。障碍物的距离 L（若因障碍物的形状不规则而造成测得距障碍物表面各点的距离不同，则取最小值作为最终的 L），数据处理系统通过程序将 v 和 L 带入公式计算，得出制动过程中制动线圈中所需的最适电流 I，与此同时，制动线圈立即通路，同时由蓄电池向线圈提供电流 I（电流大小同样由相应程序控制，这点容易实现），制动线圈在轴向磁极所提供的磁场中受到阻力力矩的作用，以此给汽车提供减速度 a，使汽车能在合适的状态停下。在制动过程中，如果驾驶员要停止制动，可以随时放开。

学生感言

创业的过程是艰辛的，并不像想象中那样可以一蹴而就。从无到有，从萌发想法到组建团队，前进的每一小步都是重要的一大步。俞敏洪老师曾说：人的一生是奋斗的一生，但是有的人一生过得很伟大，有的人一生过得很琐碎。如果我们有一个伟大的理想，有一颗善良的心，就一定能把很多琐碎的日子堆砌起来，变成一个伟大的生命。但是如果每天都庸庸碌碌，没有理想，从此停止进步，那未来的日子将永远是一堆琐碎。确实是这样的，作为新时代的大学生，我们每一天都应该为了明天而努力奋斗。

教师感言

在与同学们一起的这段时间里，我们一直在共同进步，在同学们的身上，我看到了团队的力量。经过这段时间的学习，我们明白了，无论是科研还是生活，都要养成良好的习惯，积极主动，以终为始。通过这次创业初期的实践，我们掌握了一定的创业知识和技能，对创业过程中遇到的各种困难和挫折有了更深的了解和预测。创业的路是艰难的，是曲折的，为此，在创业的过程中，我们要努力让自己学有所用，保持良好的心态。对于在校大学生来说，心态尤其重要，有时，能否拥有良好心态甚至成为创业能否成功的关键。创业并非一朝一夕之事，我们时刻在路上。

一种具有地震保护及防暴功能的自动防护椅

项目名称：一种具有地震保护及防暴功能的自动防护椅
项目负责人：彭锦涛
项目成员：胡婷、陈敏
指导教师：饶盛、王娟
项目类型：创新训练项目
项目所属一级学科：机械工程
起止时间：2017 年 6 月—2018 年 10 月

> 项目简介

中国是全球地震灾害最严重的国家之一，地震是造成人员伤亡最多的自然灾害，同时，地震灾害难以准确预测，要减轻地震灾害影响，需要各方协调配合。

本项目将根据地震灾害的发生规律和基本特点，基于市场调研，结合人机工程学原理，研发一种适用于进行个体性自主救援的自动防护椅，可实现桌椅自动调整高度、三角区域防护、一体多用等功能，能够有效地满足人们在地震灾害及其他紧急情况下自主救援的便捷性、高可用性和安全性需求，也能用于日常办公和生活。

对历次地震的分析显示，地震中的人员伤亡绝大部分是由房屋倒塌造成的。因此，对于防震来讲，最根本的就是提高建筑物的抗震等级。但基于我国的现实国情，从建筑抗震入手困难重重。此时，如果从产品的角度入手，更容易找到防震减灾的突破口，从而弥补建筑防震的不足。与建筑相比，产品的成本和投入更低，可实施性更高。防震产品的研究开发对于震时逃生与震后救援能够起到至关重要的作用。

创新点描述

本项目将研发出具备抗压防护、救援信号发送、救援物品储备功能的专业装置，使地震灾害个体性自主救援与传统的震前预防措施和震后善后性措施相结合，保障受灾人群的生命安全，减轻后期救援难度。

根据前期的可行性分析结果，结合国内防震减灾现状进行装置技术研究，再根据个体性自主救援可行性进行分析。根据地震灾害发生的特点和联动影响，分析受灾个体进行自主救援时所需的时间与空间条件，确定个体性自主救援的可行性。

个体性自主救援技术研究。分析地震灾害发生规律与特点，以及个体层面应对地震进行自主救援的可行性措施，确定初步的个体性自主救援技术，使地震灾害个体性自主救援与现有的震前预防和震后善后措施相结合，增强整个地震灾害救援体系的有效性。

个体性自主救援装置研发。根据地震灾害的发生规律，基于市场需求调研，研发一种适用于人们进行个体性自主救援的专业装置，并进行功能检验和优化升级。

自主救援。专注于受灾人员个体层面的自主救援，将研发专门的救援装置，增强人们在地震灾害时的自救能力，同时可通过信号发射器与震后外部救援工作相衔接来减轻后期的救援难度，在研究视角上独具创新，颇有特色。

节省空间。项目所研发救援装置可与人们家居生活产品融为一体，不会额外占用存放空间。

一体多用。救援装置在遭遇地震时可用于防护自身，并与外界进行信息互动，提供维持生命的基本物品，还能在日常生活中满足书桌等家居产品的使用要求，其中椅子可根据用户身高自动调节高度，将具备一体多用的功能。

衍生应急功能。救援装置在满足用户地震灾害安全应急防护的同时，还可用于家中突入歹徒、银行职员遭遇劫匪等紧急情况下的自主救援，有利于降低突发事件的危险性，可具备诸多衍生应急功能。

学生感言

在我看来，创新创业是一种乐趣，是一个学习的机会，是一个锻炼能力、获取经验的过程。创新并不一定是轰轰烈烈的，有时一个小细节、一个小想法就可以改变一个企业的命运。作为21世纪的当代大学生，我觉得我们每个人都应该具有创新精神，在市场竞争激烈、产品生命周期短、技术突飞猛进的今天，不创新，就会灭亡。创新是企业生存的根本、发展的动力和成功的保障。在今天，创新能力已成为国家的核心竞争力，也是企业生存和发展的关键，是企业实现跨越式发展的第一步。这个项目同时也让我们得到了锻炼，为以后自己在创业、就业的路途上打下了坚实的基础。

教师感言

创业过程是艰辛的，对此，我们要有思想准备，立下决心 ，持之以恒。大部分人之所以没有获得成功，不是因为选错了行业，而是因为他们中途选择了放弃。其实，我们每个人心中都有一座山峰，雕刻着理想、信念、追求、抱负。在前进的道路中，我们要懂得真诚、宽容、信任、责任，尊重自己，尊重别人，对自己的行为负责。三位同学在此次项目中都充分体现出了这些良好品质和精神，为这次项目的成功奠定了坚实的精神基础。

智能井井下数据采集与远程监测系统设计

项目名称：智能井井下数据采集与远程监测系统设计
项目负责人：张静
项目成员：曹晟煜
指导教师：姚远、饶盛
项目类型：创新训练项目
项目所属一级学科：计算机科学技术
起止时间：2017 年 7 月—2018 年 12 月

项目简介

目前，国内有超过 62 万口油井采用老式智能井系统，其在数据采集和传输方面技术较为滞后，我国在智能油井方面的研究相对较少，与国外还存在巨大的差距。由于行业的特殊性，石油开采往往需要价格昂贵的舶来品，一些自主研发的中小型油田，其开采装备的自动化程度已经远远落后于其他加工制造行业。油田管理阶层很难在第一时间掌握井下产层情况，安全隐患日益突出。

国内智能油井缺乏能长期稳定工作的高温电子系统和永置式传感器，数据采集误差大，信息接收缓慢。针对以上痛点，本项目采用 Honeywell 系列抗高温电子元器件实现多节点采集，采集的数据经过编码、协议封装后传至远程控制室 PC 端，实现数据在手机等移动端的可视化和远程监控，并基于第三方云平台的大数据分析预测风险，减少损失。项目所包含的装置可随拆随走，不仅可用于油田，还可因地制宜应用于大型工业生产、水产养殖及农产种植的数据监测。

创新点描述

项目基本设计思路已成型，通过概念设计明确了产品运作机制，确定了产品中用户、内容与监控功能三大元素的关系，利用 Axure 进行产品原型设计，并对产品信息构架、页面间的交互流程进行了处理和优化，可适用于油井、工业生产等需要多维度监控数据的应用场景。旨在设计一套集产层参数采集、传输和远程监测于一体的系统，以实现对井下流体温度、压力以及滑套开启度的实时监测、报警及预测的功能。

梳理国内外相关文献，对比分析相关应急救援装备技术差异，初步确定系统设计研究的具体方向。利用实地调研和网络问卷等方式，根据国内各大公司对现有系统装置的不同看法，确定智能井井下数据采集与远程监测系统设计方案和技术。

设计一款数据采集装置，将智能井井下数据及时传到地表，同时采用高温高压封装技术，使井下电路能够在 100℃的环境中稳定工作，以保证数据传输的稳定性和可靠性。

拟定井下环境处于理想状态，在稳定无误差传到井上后，通过传输系统传至控制室端，基于第三方云平台对数据进行进一步分类整理、预警监测和深度挖掘。

通过 Azure 服务器和 SQL 数据库研发出了一套网络系统，让到达地表的数据能够实时传送至手机等移动端，通过设置预警阈值等实现油田管理人员对数据的实时了解与监测，通过流分析和机器学习等技术实现危机预测功能。

学生感言

刻苦学习是我们成功的动力。刚开始，大家都没有接触过这方面的知识，对项目实施简直一头雾水，即使这样，依然阻止不了我们前进的步伐。在项目实施过程中，同学们不怕苦，不怕累，不断追求卓越。前期，获取理论知识，阅读书籍，每个人负责自己的模块，到图书馆阅读相关书籍，到网上查阅大量资料，课后多方寻找相关领域有建树的老师进行咨询。大家深钻研，多思考，争取以最快的速度进入角色，整个过程极大地考验了团队成员快速学习的能力。

教师感言

团队成员有参加挑战杯、创新杯等创新创业大赛的经验，分工明确，协作能力强。前期研究成果获得了 2017 年微软创新杯四川省三等奖，为本项目的研究奠定了理论和技术基础。

在该项目开展的一年时间里，张静和曹晟煜两位同学认真查阅资料，独立开展科研工作，系统研究了抗高温电子元器件实现多节点采集和实现数据在手机等移动端的可视化和远程监控。在项目研究过程中，师生共同探讨，彼此促进，成为我科研教学过程中一次很好的经历。

冬季浴室热水与空气强化传热研究

项目名称：冬季浴室热水与空气强化传热研究
项目负责人：董琼
项目成员：漆琦、李昊、魏攀、倪兴血
指导教师：韩滔
项目类型：创新训练项目
项目所属一级学科：土木工程
起止时间：2018 年 10 月—2019 年 10 月

> 项目简介

冬季洗澡时，人们为了取暖，常将热水不间断地开启并且使用像浴霸这样的高功率电器，造成了极大的资源和能源浪费。一般情况下，刚喷淋出来的洗澡水温度在 40℃左右，排水后温度会在 34℃以上。本项目主要利用排水放出的热量对浴室空气进行加热，基于自然对流或者强制对流的原理来强化空气与排水过程中的传热，有效利用排水过程中的热能来提升空气温度。实验采用翅片板回收排水余热，通过无纸记录仪测量有无装置时的花洒出水温度和地漏废水温度，通过多次测量得到数据。对比了三种不同翅片数量的余热回收装置，其中两层翅片组成的余热回收装置具有较好的使用效果和经济性。室内温度在 14℃的情况下，不使用浴室余热回收装置时的地漏废水温度为 36℃；使用浴室余热回收装置时的地漏废水温度为 32℃。计算可得，无装置时回收了 11.4%的能量，使用装置回收了 20.5%的能量。假设使用浴霸总功率为 1100W，洗浴时间为 20min，电价为 0.62 元/度。使用本装置一次所节约电价为 0.455 元。由实验得出结论，使用环境温度越低，使用效果越好。

> 创新点描述

本装置结构简单、造价低廉、使用安全、耗电量极少，与普通浴霸装置相比，更符合人体“脚暖头凉”的舒适原则。以下是本项目的创新点。

通过简易的换热板组合实现对浴室排水余热的利用，成本较低，可行性强。浴室热水的回收方案更符合冬季家庭浴室的特点，有利于提升浴室冬季的热环境舒适性，使得洗澡时的冷感降低，切入点关系到每家每户的民生问题，受益面极广，效费比很高，相比于已有的浴室热回收装置来说更便于安装，不会对已装修好的浴室进行过多改动。

家用热水器的普及给我国居民的生活带来了极大的便利。我国已经成为世界上最大的家用热水器生产及销售国。2015 年家用热水器销量达 2982 万台，市场保有量达 1.5 亿台。一般情况下，热水器出来的热水温度普遍在 40℃左右，热水从花洒中喷出到通过地漏排出只要 5～10 秒，排出时的温度依然有 32～35℃，相对于冬季浴室的室温而言，造成了相当大的热量浪费。研究可知，浪费的能量占到热水热能的 60％～80％。而我国大多数地区在冬季洗浴时都要忍受冷感，因此，采取措施对排水中的余热进行回收，从而提高洗浴时的人体舒适度十分重要。

根据现有文献，国内已经有针对大型成熟浴室如高校公共浴室的余热回收系统进行的研究。其大多通过热泵技术将浴室排水中的热量提取出来，经过间接换热来提高自来水温度，然后再利用低温热水锅炉或电锅炉将热水温度提升到洗浴所需温度。相关文献指出，利用热泵技术回收排水中的能量，具有良好的节能效果。国外对浴室余热回收的研究较少，目前，国内外都没有利用排水余热对浴室空气直接进行加热的研究。

本项目自实施以来，完成了实验方案的设计，进行了多次实践操作，在此过程中不断修改和完善实验方案，得到了一些有价值的实验数据。此次总结之前实验的优缺点再次进行试验，以强制对流为理论基础，与之前自然对流得出的结果进行对比，完善研究成果，并进行成果汇报。

学生感言

在本项目的实施过程中，我不仅提升了个人能力，深入学习了相关知识，更明白了团队合作的重要性。每一位队员都在团队中承担了重要职责，只有整个团队无私奉献、共同进步，才能在最终取得圆满的成果。在此，我也想真诚地感谢我的指导老师和每一位队友。荣誉至上，它集合了一个人的辛劳智慧以及公众的认可与尊崇，肩负荣誉，我们甚感荣幸与欣慰。个体虽然渺小，但我们也深知自我的重要。尽管科研过程中总会遇到一些坎坷，但我们每个人都争取保持一个平静的心态坦然去面对。

教师感言

在指导“冬季浴室热水与空气强化传热研究”项目的一年时间里，我与学生不断进行探索与研究，充分体验了实地考察的艰辛，在反复进行数据演算、建立模型的过程中，我们收获了很多深刻的认识与体会。在探索过程中，作为指导教师，我见证了同学们的成长和能力的提升，师生间相互探讨、相互促进，是我科研教学生涯中一次难忘的经历。在未来的工作当中，作为一名年轻的讲师，我也将确立更高的目标，为教育事业的进一步发展做出自己应有的贡献，做到对学员负责，对家长负责，对学校负责。

基于“互联网+”的建筑工程现场管理系统 App 开发研究

项目名称：基于“互联网+”的建筑工程现场管理系统 App 开发研究

项目负责人：李晋鹏

项目成员：李子涵、李刚

指导教师：潘海泽、杨玙凡

项目类型：创新训练项目

项目所属一级学科：管理学

起止时间：2018 年 5 月—2019 年 9 月

项目简介

针对长期以来，建筑业农民工讨债事件频发、专业技能不足、安全意识淡薄、出行购票困难、民工管理困难、新型建筑施工科技成果很难在民工中普及等问题，团队构思了基于“互联网+”的“民工夜校”App。软件分为民工与管理者两个客户端：民工客户端将从生活贴士、法律援助、施工技术等方面为农民工提供理论知识与帮助；管理者客户端将从快捷招聘人才、智慧管理等方面帮助管理者更高效地管理员工，从而保证施工质量。

国家统计局 2017 年发布的数据显示，2016 年，全国农民工人口总量约 2.82 亿，庞大的农民工群体几乎覆盖了我国各个行业，对我国的现代化建设起着极其重要的作用。农民工是我国改革开放和工业化、城镇化进程中涌现的一支新兴劳动大军，大量农民进城务工或在乡镇企业就业，为我国现代化建设做出了巨大贡献。然而部分农民工却一直受到不合理待遇，农民工管理也存在各种问题，这些都让农民工成为赢得社会普遍关注的弱势群体。

创新点描述

我们团队设计的“民工夜校”App，只需农民工和管理人员从手机上下载即可使用。农民工可以随时随地通过它学习有关技能，了解安全防范知识和各种招聘信息。当权益受到损害时，也可以通过我们的App了解权益维护信息，利用法律手段保障自身权益。管理人员则可以通过App引进新型技术，还可以发布人才招聘信息。因此，本软件既可以加强进城务工人员的知识教育和管理，又可以帮助管理人员更加高效地管理人才，为社会发展积蓄力量。更重要的是，通过“民工夜校”App，农民工可以学习掌握多方面的知识，即使离开本来从事的行业，也可以运用所学知识找到新的谋生出路。

“民工夜校”App的服务对象不仅包括员工，还涉及管理层，因此我们设计了两个客户端，力争在功能上打破传统的单向服务，使服务内容更加丰富。

对于民工功能主要包括：民工生活，如季节性健康饮食、过节出行抢票通道、就业指导、职业病治疗等；民工工作，如技能学习指导、安全防范措施等；民工维权，如工伤报销、工资拖欠咨询等。

对于管理人员和公司企业功能主要包括：科技管理，如民工上下班定位签到、民工施工进度浏览、危险判断、事故分析等；文明管理，如管理者修养学习、成功管理方法学习等；人才招聘信息发布；引进和推广新型技术的渠道。

同时也包括其他的通用功能，如建筑新闻、思想政治教育、BIM设计及建筑CAD绘图等。

本项目在立项后一年进行研究结题，由于相对成熟的App所需投资较大，因此，研究成果主要为线下“民工夜校”App以及一篇学术论文，以此来申请新型实用专利结题。当初所构想的App功能未能落实，我们仍希望未来能够实现并帮助民工他们解决所面临的问题，同时也可以促进公司企业的发展，帮助其提高经济效益。

学生感言

在此次省级大创项目中，我将自己的专业知识与实际中所面临的问题进行了有机衔接，丰富了自身的应用知识技能，加深了自己对建筑行业的了解。同时，也收获了一群志同道合的良师益友，从他们身上学到了很多东西，为自己今后的科研之路打下了坚实的基础。

教师感言

在“基于‘互联网+’的建筑工程现场管理系统App开发研究”项目开展的一年多时间里，李晋鹏、李子涵和李刚三位同学认真查阅资料，进行了多次建筑现场调研，获取了真实客观有效的数据，为App的最终成功搭建起到了关键作用。在项目研究过程中，同学们严谨认真，专业刻苦，作为指导老师的我们也倍受感染与鼓励，希望今后，我们可以共同进步，在科研的道路上不畏艰难，奋勇前行！

基于时序 DInSAR 的新型滑坡隐患点监测技术研究

项目名称：基于时序 DInSAR 的新型滑坡隐患点监测技术研究
项目负责人：吴滔
项目成员：余杰、蔡佳欣、胡云亮
指导教师：于冰、杨莹辉
项目类型：创新训练项目
项目所属一级学科：测绘科学与技术
起止时间：2018 年 9 月—2019 年 9 月

> 项目简介

我国是世界上滑坡灾害最为严重的国家之一，全国 60%以上的滑坡发生在四川，尤其是四川龙门山地区，给人民的生命和财产安全造成了严重的伤害。在我国，1949 年至 2011 年间，滑坡灾害共造成 25000 多人死亡，数十万人受伤，直接经济损失约 4 亿元/年。2008 年汶川地震以来，我国滑坡灾害越发严重。对滑坡隐患点进行有效监测是进行滑坡防治和预报并减少灾害损失的关键。但是，滑坡隐患区域分布范围广，调查难度大，常规的滑坡监测技术（如水准和全球定位系统测量、测斜仪和压力计等）无法满足需求。鉴于此，本项目提出以新型时序合成孔径雷达干涉测量（时序 DInSAR）技术为基础，解决其应用于滑坡隐患点监测中遇到的“坡体边界形变和相位梯度较大”等关键技术问题，开发适用于滑坡隐患点监测的高分辨率广域遥感监测技术，提高滑坡隐患点监测的空间覆盖度和分辨率，提升滑坡调查工作效率，降低劳动强度，节约人力和物力，为滑坡防治和预报提供可靠的技术支撑。

创新点描述

目前，滑坡隐患监测已成为国内外相关领域研究的热点，且是国家减灾部门的重点关注对象。滑坡隐患监测的关键是识别发生显著形变的坡体，因此，坡体形变监测必不可少。目前，新型滑坡形变监测技术的研发开始崭露头角，如时序 DInSAR 技术。虽然时序 DInSAR 应用于滑坡形变监测和隐患点判识已表现出较好潜力，但仍然存在一定的技术问题。本项目拟对此进行系统而深入的研究，给出解决方案。基于本次创新训练项目所取得的成果，预期可申报国家发明专利 1 项，成果可应用于大范围山地坡体形变监测、滑坡隐患点识别，可为滑坡隐患点探测和滑坡防治提供可靠的技术支撑和科学的参考信息，可避免实地调查和测量的盲目性，且相比于传统的野外工作方式可节约大量资源，具有较好的推广应用前景。

滑坡等地质灾害往往导致严重的生命和财产损失，灾害应急救援也往往需要投入大量的人力物力。因此，应采取有效的滑坡监测措施，避免先发生后治理，做到防患于未然，最大限度地减少生命和财产损失，并节约救灾人力物力。由此可见，对滑坡进行有效监测可从避免生命财产和经济损失方面促进经济社会发展。此外，灾后安置需要进行灾民安置点选址，新的安置点需要避开滑坡隐患点。本项目所取得的技术成果可同时监测数千平方公里，且目前卫星合成孔径雷达遥感影像可免费获取或申请，这可为地质灾害、城市沉降、重大交通工程设施以及其他建筑物和构筑物的监测提供了高效且成本较低的技术途径，可显著节约经济成本。后续对所取得的研究成果（专利和技术）进行推广应用，可产生一定的经济效益，为滑坡灾害监测和防治培养科技型人才。

学生感言

在为期一年的“基于时序 DInSAR 的新型滑坡隐患点监测技术研究”项目中，项目成员不仅学习了研究课题的相关知识，掌握了查阅文献资料的能力，还学会了实验操作的相关知识与实验仪器的操作流程，基本具备了独立开展科研工作的能力。当然，大家也在其中学到了许多做人和做事的道理，受益匪浅。

教师感言

在“基于时序 DInSAR 的新型滑坡隐患点监测技术研究”项目开展的一年半时间里，几位同学认真查阅资料，独立开展科研工作，在项目研究过程中，大家深入钻研，有了进一步的提高与收获。此外，项目选题也具有较为积极的前沿性和创新性，研究内容具有较好的科学意义、实用价值和推广应用前景。在未来的工作中，作为一名青年教师，我也将尽自己最大的努力对学生负责，对家长负责，对学校负责，用一生去追求、去挑战，用心创造美好的明天。

基于数值模拟的泥石流作用下管道力学响应分析

项目名称：基于数值模拟的泥石流作用下管道力学响应分析
项目负责人：赵茂帆
项目成员：罗澜、付浩、邱禹锟、杜蒲英
指导教师：熊俊楠、孙明远
项目类型：创新训练项目
项目所属一级学科：测绘科学与技术
起止时间：2018 年 5 月—2019 年 12 月

项目简介

泥石流灾害是管道安全运营的主要危险源之一，对长输油气管道影响极大，而我国是世界上遭受泥石流灾害最为严重的国家之一，长输油气管道受泥石流灾害的影响较大，经济损失较为惨重。本项目拟以兰成渝管道广元段某泥石流流域为对象，以管道测量及检测数据、流域地形图、高分辨率遥感影像为数据源，以 ArcGIS 软件为平台，通过二次开发建立小流域地表三维模型，以 FLO－2D 开展不同降雨周期情境下泥石流运动数值模拟，获取不同位置泥石流运动参数，分析泥石流运动与不同工况下管道的耦合作用关系，分析管道力学响应形式，研究结果对山区长输油气管道安全运营与完整性管理等具有重要意义。

本项目基于“西南石油大学科研启航计划项目”前期科研成果，拥有详实的兰成渝长输油气管道广元段泥石流灾害影响相关科研数据及分析结果，并依托目前正在进行的“中科院战略先导专项”进行深入研究。项目组成员具备灾害风险分析、遥感信息提取、GIS 空间分析能力，拥有 VR 三维建模、BIM 建模、3DMax、计算机前端设计等技术，曾获四川省测量二等奖及 BIM 技术应用生命周期管理奖。

创新点描述

本项目以实际穿越泥石流沟管段为对象，通过模拟小流域泥石流运动过程，基本查清泥石流作用下的管道力学响应，能够实现灾害过程的可视化，为泥石流灾害下管道的正常运营管理和工程防治提供科学参考，主要创新点有二。其一，泥石流运动过程数值模拟。采用适用于大颗粒离散元数值求解的同步动态松弛法求解大颗粒运动模型来对泥石流进行动态数值模拟。其二，泥石流作用下管道力学响应分析。通过数值模拟得到小流域内不同位置泥石流流速、泥深和流体质量，得到不同位置泥石流动能和动量，进而分析不同工况下管道的力学响应。

学生感言

在为期一年的“基于数值模拟的泥石流作用下管道力学响应分析”项目中，项目成员具备了查阅文献资料的能力，也掌握了许多论文写作方面的技巧与要求，拓宽了自己在专业知识方面的见识，熟悉了专业软件的相关操作，为以后的学习打下了坚实的基础。在实验过程中，同学们还收获了彼此间深厚的友情，懂得了许多做人的道理。

教师感言

在指导“基于数值模拟的泥石流作用下管道力学响应分析”项目的一年时间里，我与学生不断进行探索与研究，体验了实地考察的艰辛，反复进行数据演算、模型建立，有了更多、更为深刻的认识与体会。在探索的过程中，我见证了同学们的成长与能力的提升，师生间积极交流、互通有无，共同见证了彼此的成长。

矩形钢管加劲翼缘的工字形梁抗弯性能的试验研究

项目名称：矩形钢管加劲翼缘的工字形梁抗弯性能的试验研究
项目负责人：胡超
项目成员：蒋征池、阳港、彭靖宇、江信杭
指导教师：孙鸿玲、皮杰
项目类型：创新训练项目
项目所属一级学科：土木工程
起止时间：2018 年 3 月—2019 年 11 月

项目简介

本项目在新型工字形梁 LHFB 的基础上进行改造创新，在矩形空翼缘里设置加劲肋，从而进一步增强了工字形钢梁的整体稳定性且提高了工字形钢梁的抗弯强度。通过软件分析和与试验相结合的方式获得新型工字形梁的设计和优化成果。由于钢材试件制作工序复杂且费用昂贵，故选用竹皮纸代替实验。该材料的特点是顺纹强度远高于横纹强度，抗拉强度远高于抗压强度，同时弹性模量较高。实验所得数据可作为真实参考。

创新点描述

本项目中新型薄壁梁是由矩形钢管和带形钢板直接焊接而成，采用双面角焊缝的形式，具有制作工艺简单的特点，同时有截面开展性好、抗扭刚度大、抗弯刚度大的优点。考虑到梁的下翼缘主要承受拉力的作用，不存在稳定性问题，所以 LHFB 采用单轴对称的截面形式，而不采用稳定性较好的双轴对称的截面（耗费材料，提高成本），受压翼缘（上梁）采用矩形钢管而受拉翼缘采用条形钢板，在承载力影响很小的情况下节约了用钢量，提高了空翼缘梁的经济效应。

综合考虑经济性原则后，我们采用了结构设计大赛使用的原材料——竹皮纸，通过实验和制作，较好地模拟出了新型工字形梁 LHFB 的结构构造和加劲肋。在实验过程中，通过对数据进行整理分析，我们得到了添加加劲肋和不设计加劲肋的区别，同时使有加劲肋的新型工字形梁 LHFB 的承载力得到了很好的提高。最后，通过项目的审核和提交，得到了相关机构的认证，并将此项目材料应用于实践。

学生感言

在为期一年的“矩形钢管加劲翼缘的工字形梁抗弯性能的试验研究”项目中，项目成员不仅学习了项目研究的相关知识，掌握了查阅文献资料的能力，还了解了实验操作的相关知识与实验仪器的操作流程，基本具备了独立开展科研工作的能力。当然，更让大家受益匪浅的是在整个过程中所感悟到的人生哲理。百尺竿头，更进一步；海纳百川，地生万物；雄关漫道真如铁，而今迈步从头越。把握好此刻，让过去华丽地谢幕，怀着满满的期盼，向着收获的明天出发。

教师感言

在指导创新训练项目的这段时间里，我和胡超、蒋征池、阳港、彭靖宇、江信杭五位同学认真查阅资料，合力开展科研工作。担任这一项目的指导老师既意味着同学们对我个人工作能力的肯定，也是对我做好今后工作的一种鼓励。我下定决心，在自己的工作岗位上兢兢业业，认真对待每一件事，多思考，多关注，努力提高自身的教学质量。在今后的工作中，我将更加出色地完成各项工作，不辜负学校、学生和家长对我的期望。

聚乙烯燃气管道老化实验研究

项目名称：聚乙烯燃气管道老化实验研究
项目负责人：林东
项目成员：王一茜、刘娜、崔明伟
指导教师：岑康、李薇
项目类型：创新训练项目
项目所属一级学科：土木工程
起止时间：2018 年 9 月—2019 年 8 月

项目简介

聚乙烯（PE）管材作为一种高分子材料，因具有高强、质轻、耐腐和良好的稳定性等优异性能而被广泛应用于燃气输送，但同时也面临着老化和失效问题。本项目从高分子材料的性能检测标准与方法入手，根据引发聚乙烯燃气管道老化的因素，结合管材的主要性能，确定聚乙烯燃气管道老化性能指标，提出针对管材的性能检测方法，探究聚乙烯管道老化性能检测项目与评价指标。选取牌号为 PE80、PE100 的两种聚乙烯燃气管材进行“光氧加速”老化实验，再对已经老化的试样进行微观形貌、化学结构、物理性能、热稳定性能、熔体质量流速性能检测实验，根据实验数据对管材的老化规律进行分析与研究，建立老化性能综合评价模型。

创新点描述

聚乙烯燃气管道作为高分子材料，老化问题不可避免。一旦发生爆管，会给城镇地区带来巨大的安全威胁和经济损失。因此，对于聚乙烯燃气管道老化规律的研究有巨大的工程和经济价值。但目前为止，国内外对燃气聚乙烯管道的老化规律研究尚未完善。本项目前期整理了国内外各类期刊、硕博士论文等文献资料及相关标准，得出了影响聚乙烯燃气管道老化的主要因素及性能检测指标，并结合高分子材料的性能检测标准与方法，探究出了针对聚乙烯燃气管道的性能检测方法。

项目用 LUV－II 型紫外线老化实验箱，对 PE80 聚乙烯燃气管材开展了为期 56 天的“光氧加速”老化实验，光源为 3 根 20W 的 UV－B 型灯管，试验温度控制在 40℃。以一周为一个取样周期，共进行了 9 批次分期取样测试。通过阅读相关规范确定老化性能指标，选择不同老化时间下试样的微观形貌、力学性能、热稳定性能、结晶度、熔融特性进行测试，探究 PE80 聚乙烯燃气管材的老化特性。

层次分析法是指将与决策有关的指标按层次进行分类，并在此基础上进行定性和定量分析。它将各项指标划分为相互联系的有序层次，形成多层次分析结构，把各项指标的权重赋值简化为各项指标重要性的两两比较。然后进行数学处理，便于各项指标进行客观赋值，具有灵活、可信和实用的特点。

已有研究仅从聚乙烯管材的氧化诱导时间、拉伸性能、熔体流动速率等单一性能指标着眼研究其老化规律，而没有从多指标综合评价的角度来进行研究。此外，已有研究对实验对象、实验条件的考虑也不够全面，没有考虑压力、介质、材料规格、材料牌号等情形下的老化规律。本项目通过对管材进行加速老化实验，并对老化后的管材进行性能检测，得出管材的老化规律，对城镇燃气用聚乙烯管道的风险评估与管控具有重要意义。

学生感言

在为期一年的“聚乙烯燃气管道老化实验研究”项目中，同学们的动手能力得到了提高，对事物的分析与思考能力得到了改善，对实验方案的规划与执行能力显著增强，论文的阅读与写作能力也达到了一个令人满意的水准。在项目的开展过程中，团队合作精神至关重要，一个人的能力相对较为有限，众人拾柴火焰高。对于项目中所遇到的困难，大家都努力去想办法解决，提高了我们独立思考和团队协作的能力。也很感谢老师的指导，让我们每个人都得到了很大的提升。

教师感言

在参与“聚乙烯燃气管道老化实验研究”项目的一年时间里，林东等四位同学认真查阅资料，独立开展科研工作。本项目通过光氧加速老化，采用层次分析法，确定各单一性能指标的权重，构建不同老化时间下的老化性能综合评价指标，对PE80聚乙烯燃气管材进行老化性能综合评价，得出在快速老化区，老化性能综合评价指标下降速率较大，表明管材老化速率较快，其整体性能快速衰减；在老化平台区，老化性能综合评价指标变化很小，表明管材老化速率趋于平缓，其整体性能较为稳定的结论。在项目研究过程中，师生之间及时沟通，互相交流，消除了彼此之间的隔阂，在这一过程中，我作为教师也更能理解学生的想法，有利于及时调整进度，改进教学。

“旅行荚”
——基于地图平台的旅游服务信息网站

项目名称：“旅行荚”——基于地图平台的旅游服务信息网站
项目负责人：李红霞
项目成员：肖林均、王欣、贺文、向晓芸、罗澜、王珺
指导教师：李贞培
项目类型：创新训练项目
项目所属一级学科：信息技术
起止时间：2018 年 2 月—2019 年 8 月

> 项目简介

“旅行荚”采用网络地理信息系统（WebGIS）核心技术，初步完成了“注册登录”“撰写游记”“飞行记录”“创建行程”“全球航线”等模块的开发，新模块如“轻旅行”“人在旅途”“全球铁路”“全球连锁酒店”“网上订票”等即将上线。创作团队具有良好的合作精神，负责人曾获西南石油大学“创业英雄”荣誉称号。团队成员于“旅行荚”杯摄影及游记大赛中积累了丰富的设计、开发与策划经验，各方面能力有了进一步提升，为下一步的开发奠定了坚实的基础。

> 创新点描述

“旅行荚”针对人们现今的旅游服务需求，从物质和精神层面出发，开发出一系列模块，为用户提供全方位的精准服务。网站项目具有以下创新特点。

着眼点新。方案面向基于地图平台的创新智能旅行解决方案，包括基于地图平台的行程创建、行程路线智能规划与自动绘制；基于地图平台的个人飞行记录存储与绘制；基于地图平台的全球详细航线、铁路路线图查询、绘制与预订；全球连锁酒店分布查询与预订；直观易用的游记撰写、旅行信息

分享等多项创新性在线旅行服务，具有广阔的市场前景。

技术方法新。项目组将采用地理信息网络服务、空间数据互操作、地图定制绘制技术、行程自动绘制等多种创新技术和方法。

解决方案新。方案面向全球用户，提供多种行程地图绘制方法。可基于多款软件进行二次开发，也可提供自己的地图数据集。

学生感言

创业的过程是艰辛的，从无到有，从萌发想法到组建团队，前进的每一小步都是重要的一大步。我出生于农村普通家庭，艰苦朴素的成长环境让我比同龄孩子更早懂事，身上也多了一份责任与担当，独立意识在我心中已然悄悄扎下了根。在西南石油大学，一群有着共同梦想的人希望帮助旅行者解决他们的需求，“旅行荚”就这样诞生了。经过一系列的努力，我们获得了一定的成功，然而我们深知，这个项目仅仅是一个开始，后面还有很长很长的路要走。阿尔卑斯山谷公路上标语写着：“慢慢走，欣赏啊！”它劝告人们留心旅途中的风景，同时也不要忘记前行。

教师感言

毋庸置疑，一个团队要想成功，需要进行科学的管理。在初期，由于缺乏管理经验，成员们相对自由散漫。为此，我们积极总结经验并进行观察，及时调整分工，积极解决内部出现的一些问题，努力提高团队凝聚力。在这个项目中，师生共同努力，一齐进步，解决了一个又一个难题，我从中看到了同学们的创新力与执行性，感触颇多，收获颇多。

某分布式能源系统能效分析

项目名称：某分布式能源系统能效分析
项目负责人：吴振川
项目成员：谢明宏、王璟、罗新庆、唐宇
指导教师：吴晓南
项目类型：创新训练项目
项目所属一级学科：土木工程
起止时间：2017 年 8 月—2018 年 11 月

项目简介

基于我国能源发展的基本国情以及分布式能源对国家能源发展目标的重要意义，本项目提出了一种针对分布式能源系统能效分析的方法。首先，建立分布式能源的系统构架。其次，以进出系统能量守恒为依据，基于热力学第一、二定律建立能量平衡和㶲平衡方程，得到分布式能源系统及常规热电联产系统能效数值结果。最后，算例结果得出，分布式能源系统在能量数量（一次能源利用率）和能质（㶲效率，即消耗能量能转换为有用功的能量利用情况）两个方面的利用效率都远高于常规热电联产系统。结果还得出，分布式能源系统较常规供能系统具有巨大节能效益，能产生良好的综合能源利用效益。

研究主要内容包括：论述传统能源系统与天然气分布式能源系统技术方案的组成、特点和应用；建立天然气分布式能源系统的一次能源利用率，以及相对节能率和㶲效率的计算模型，分析分布式能源系统的能源及利用率的变化情况。

通过建立分布式能源系统和传统能源系统的一次能源利用率，将分布式能源系统与传统能源系统进行对比，进而为分布式能源系统的推广应用提供理论依据。

创新点描述

能效分析是能效测评的基础，科学准确的能效评级不仅能综合反映企业的能效状况，而且能为企业进行有针对性的节能改造提供科学的依据。通过能效分析可以实现对分布式能源系统的仿真建模，一个精确可靠的特性模型可以用来确定系统的可行性和分析预测系统的特性响应，并用于系统的控制策略研究，亦即该仿真系统可以为系统的优化配置和优化运行提供支撑。

基于燃气—蒸汽冷热电联合循环方案，在设备配置时，选择 2 台 FT8−3 型燃机（60MW）、2 台双压自然循环余热锅炉（最大 72t/h，3.8MPa，450℃）、2 台 CL18−3.43/0.6 型抽凝式汽轮机和 2 台 QFW/18/2 型发电机（18MW）。

利用热力学定律建立分布式能源系统的能量平衡方程，即 $Q_{空气热量}+Q_{低位发热量}+W_{消耗电量}=W_{机组供电量}+\sum Q_{供热量}+Q_{损失}$。在能质利用效率方面，则进一步建立能量㶲平衡方程：

$$ex_{空气}+m_{燃料}\cdot ex_{燃料}=W_{净供电量}+\sum ex_{热量}+ex_{损失}$$

一次能源利用率计算公式如下：

$$\eta=\frac{W_{净电量}+\sum Q_{供热量}}{Q_{低位发热量}}\times 100\%$$

热电比计算公式如下：

$$\tau=\frac{供热量}{供电量}$$

㶲效率计算公式如下：

$$\varepsilon=\frac{W_{净电量}+\sum ex_{热量}}{m_{燃料}+ex_{燃料}}\times 100\%$$

计算时，使用 GTPRO 软件；选定燃机、汽机和余热锅炉等设备，并根据分布式能源承担设计热负荷，确定合理的分布式能源装机规模。控制燃机负荷率，满足最小热电比要求，进行一系列设计工况的能量平衡计算，得到设计工况下的燃机效率、排气温度和流量，计算分布式能源发电量、供热量和系统效率。设计工况的环境温度为 15℃，设计热负荷为 120MW。

结果发现，分布式能源系统在节能方面作用显著。在几乎均等的燃料供能条件下，分布式能源系统的一次能源利用率高达 75%，较常规热电联产的能量利用率提高近 20%；能质方面，㶲效率较常规供能系统提高 20%以上，达到 53.5%，节能效果突出。因此，无论是能量利用的数量还是能质方面，分布式能源系统都以绝对优势优于常规能源供应系统。此外，上述案例计算的数据基础来自我国成功的分布式能源站的典型示范工程——广州大学城分布式能源站，其一次能源利用率和热电比均达到了国家对于分布式能源一次能源利用率不小于70%和热电比不小于0.5的政策要求。

学生感言

几经坎坷，我们终于顺利结束了学校以重点开放性实验为基础的省级大创项目。从立项到专业软件全英文攻关，再到中后期检查答辩，再到最后的结题与论文发表，整个项目离不开团队成员的集体努力和辛劳付出，正是因为有着一如既往的坚持，大家才能团结协作，共克难关，最终得以圆满结项。

教师感言

在创新训练项目开展的一年多时间里，吴振川、谢明宏、王璟、罗新庆、唐宇几位同学全程参与，刻苦攻坚项目，针对项目问题提出有效解决方案，养成了良好的科研习惯。团队有着较为扎实的专业基础，动手能力较强。过程中，成员们认真进行文献和相关数据参数搜集，执行模型试验，记录试验结果，分析试验结果并撰写结题报告，表现出了善于思考、沟通协调能力较强等优秀品质。希望大家今后再接再厉，勇攀科研高峰。

柚蜂物流

项目名称：柚蜂物流
项目负责人：魏俊波
项目成员：李锐、刘华
指导教师：杜凯
项目类型：创业实践
项目所属一级学科：计算机
起止时间：2016 年 5 月—2018 年 9 月

项目简介

校园快递代取是一个服务于大学周边进行网购或者有意进行网购的人群的高效率平台，通过网上平台与有需求的用户进行沟通，建立一个涵盖整个校园的网络信息圈。为了提高西南石油大学全体师生的生活质量，“柚蜂物流”项目以“解决包裹最后一公里”为宗旨，力争服务在校老师和同学，自主研发“下单系统”，提交快递领取服务。在配送方面，我们在每栋楼招募工作人员实现送货到寝的服务，从真正意义上解决“最后一公里”的困扰。此外，我们还提供快递代取、送货上门等服务，从根本上解决了师生不愿出校拿快递的问题，节约了学校师生的时间。

创新点描述

随着社会的发展，网上购物已经成为人们生活的一部分，快递行业的发展也将越来越迅速，包裹量也会大大增加。有关数据显示，中国一年的快递包裹量在 200 亿以上，这一数量还在持续增加。根据菜鸟驿站提供的数据，西南石油大学菜鸟驿站包裹量每天在 4000 个左右，由于校园面积广大，很多师生领取快递距离较远、过程较为复杂，导致大部分人不想亲自领取包裹。目前，很多学生习惯蜗居在寝室，属于“出寝困难户”，有同学会让自己的室友或者同学顺路帮忙取一下自己的包裹。所以在这样的大环境下，柚蜂物流快递领取成为很多师生的第一选择。

目前，西南石油大学还没有一个完整的快递领取平台，所以我们旨在建立一个涵盖全校园的网络信息圈，从优质服务入手，逐步提高自身的知名度，赢得用户的信赖，从而树立良好的平台形象。

学生感言

团队成员接受过专业的创业培训，在其他创业项目上也取得了一定的成绩，如此，便更希望能够通过资源整合使“柚蜂物流”更快地成长起来，从而更好地为全校师生服务。目前，我们开通了微信下单平台、网页下单平台及 QQ 群下单系统，最后将系统集成多个平台，实现平台与用户间的交互，在很大程度上为使用不同软件的同学提供了便利。同时，我们也建立了一个专门的从驿站到配送团队再到用户的完整工作循环模式，以提高整体的运行效率。本研究项目达到了预期目标，且具有实际的应用潜力，希望我们今后再接再厉，创造出更多有意义的成果。

教师感言

在“柚蜂物流”项目发展的两年时间里，魏俊波、李锐、刘华三位同学认真查阅资料，独立开展科研工作，开发出适合西南石油大学物流的快捷领取渠道，很大程度上完善了学校的快递包裹送取制度，让全校师生的生活更加便捷。在快节奏生活盛行的今天，这无疑给同学和老师提供了很大的帮助，也使我们的研究水平和经验得到了极大的提升。

无人驾驶汽车自动充电系统设计

项目名称：无人驾驶汽车自动充电系统设计
项目负责人：董凯伦
项目成员：敬俊林、陈聪、蒲欢、贺志涵、王杰
指导教师：陈云生、徐英
项目类型：创新训练项目
项目所属一级学科：物理
起止时间：2018 年 5 月—2019 年 12 月

项目简介

该系统针对无人驾驶汽车的充电系统，通过系统内置的控制器与无人驾驶车的内载控制器进行串口通信，从而一步完成“汽车搜索充电位置—自动驶入充电区—实现磁耦合谐振—充电完成自动切断分离—自动驶出充电区”的过程。自动充电控制的实现为无人驾驶汽车在长途行程中寻找充电站省去了麻烦，可借助定位坐标，让汽车自动搜索充电装置（当使用无线充电模式时进行自动搜索，从而驶入充电区域），有利于增强用户体验，提高汽车充电效率，使充电环境更加舒适（无噪音，无物质粘附）。同时，自动充电系统为无人驾驶汽车投入市场提供了能源动力保障，提高了无人驾驶汽车市场的占有率。

创新点描述

近年来，汽车行业发展呈现两种趋势：一是无人驾驶智能化，一是能源动力绿色化。电动汽车销量在全球范围内持续增长，有力带动了电动汽车充电站的发展步伐。在世界各地，电动汽车充电站纷纷涌现，对电动汽车的进一步推广普及起到了积极的推动作用。随着无人驾驶汽车的不断推广与应用，与之相配套的充电系统正成为一种新兴产业，所以，对充电技术的要求也会

不断提高，充电技术也得以不断进步。然而，目前各种充电系统都存在一定的弊端，所以我们将无人驾驶汽车的充电系统创新性地改造成自动充电系统，创新点体现在以下几个方面。

解放双手。该系统可以有效替代人工充电，避免浪费大量的时间，对于商家而言，也大大减少了劳动力成本开支。

系统安全。该系统通过多个传感器实时监测数据，及时检测汽车电量情况，在电量充满的情况下会自动断开，防止无人驾驶汽车充电过度饱和从而导致电池损伤、自燃甚至爆炸。后期优化时还可以通过云端平台发送充电状态信息给用户，用户可以随时了解无人驾驶汽车的充电情况，保障设备安全和人身安全。

一步到位。进行充电目标信号检测，即无人驾驶车通过寻找红外线光源到达大致的充电区域，再由以超声波测距为基础的超声波定位精确地找到充电区域，充电系统内的控制处理器检测到无人驾驶车发出的“请求”信号（可能同时有多辆车发出请求信号）后，对发出请求信息的车辆进行充电排序并自动生成编号，然后将编号信息通过蓝牙或串口发送给车辆，车辆接收后再在内部进行语音播报，使车内乘客知道当前排号并决定是否排队充电。当上一辆车辆完成充电后，充电系统通过蓝牙将“准备充电”信号发送给车辆，无人驾驶车则自动驶入自动充电区域，进行磁耦合充电，检测到电量充满后，充电系统会发出“充电完成”信号给车辆，然后汽车自动驶离充电系统并完成自动充电过程。完全实现自动智能充电控制。

> 学生感言 <

通过对本项目的研究，我们小组的每一个成员都收获颇丰，学到了很多书本上、课堂上学不到的东西，丰富了自己的课余生活，锻炼了自身的动手能力，提升了大家的交流能力，每个人都充分领悟了团队合作的重要性。其间虽然遇到了很多困难，但同学们都没有放弃，大家相互鼓励，始终坚持。项目成员将所设计的作品与实际相结合，运用于电动车的自动充电系统之中，研究成果具有广阔的市场前景。今后，我们也会抓住更多机会，积极参加各种竞赛，不断提升自己的专业知识技能。

教师感言

在整个过程中，项目成员通力合作，实现了车辆与系统之间的正常通信，使得项目能够按计划进行并顺利完成。研究过程中，同学们认真刻苦、不怕困难、互相鼓励、相互帮助，遇到困难时积极思考，各抒己见，展开讨论，想各种办法解决，不轻言放弃，实在解决不了时便虚心向老师请教。平时大家也会积极和老师沟通交流，发现问题时及时解决，有较强的责任心，努力追求上进，这种良好的科研精神应继续保持。

基于改进的 BP 神经网络的中央空调系统的控制研究

项目名称：基于改进的 BP 神经网络的中央空调系统的控制研究
项目负责人：许珊珊
项目成员：杨玉欢、白静、李新宇、白强、倪小岚
指导教师：周彬、伍悦
项目类型：创新训练项目
项目所属一级学科：数学
起止时间：2018 年 5 月—2019 年 12 月

> 项目简介

近年来，由于建筑的舒适性需求不断增加，空调能耗已经成为建筑能耗的主体。据统计，一般中央空调的能耗占建筑总能耗的 50%左右，因此建筑空调系统是否节能，对于能耗能否降低起关键作用。对于空调节能而言，使得空调系统能耗和运行费用最小化，从而提高空调系统的经济效益，是一个棘手但又必须解决的问题。预测控制为空调节能提供了有效途径，可以在满足建筑冷负荷的前提下尽量减少不必要的浪费，并根据建筑实际冷负荷进行智能调节控制。

> 创新点描述

通过对中央空调系统数据进行深入挖掘分析，结合多项式拟合与 BP 神经网络，分析可控变量与不可控变量之间的关系，利用可控变量对不可控变量进行预测。以建筑空调系统节能为目标，基于“预测指导控制，控制修正预测”的思想研究并分析冷负荷预测技术，结合控制与反馈，提出基于粒子群与控制误差回馈改进 BP 神经网络的建筑冷负荷预测技术，建立冷却负载与温差和流速的关系模型，以及建筑冷负荷预测和动态目标自适应控制模型。

以描述物理特性为主的模型是基于较详细的物理概念或设备性能而得，模型精度较高，但需要测量的待定参数量较大，许多参数量甚至难以获得，其中中央空调系统主要的电能消耗就包括：冷却装置的电能消耗、冷水泵的电能消耗、冷凝水泵的电能消耗和冷却塔的电能消耗。结合中央空调的工作原理，将因系统运行产生的不可控变量由可控变量表示，通过递推的思想可以计算得到冷却负载、系统总耗能以及系统效率。且基于统计原理或系统辨识等建立模型，通过对大量实测数据进行学习、辨识和训练以获得最优化控制量，这样的模型形式虽然看起来简单，但是测试及参数训练量过大，成本过高。因此，在实际优化控制过程中这两种都不大适用。自适应控制模型将此二者结合起来，且当前看来控制效果较好，它物理特性简单，参数训练量较小，精度较高，不失为一个发展前途良好的模型。

先根据一定量的实测数据获得所需要的参数，然后利用优化方法求解最佳控制变量。但是真正的系统参数在系统实际运行中是不断变化的，因此应该采用动态的参数辨识方法，以求实现在线的最佳优化控制效果。在对优化控制效果的研究中，优化算法是一个很重要的方面。对于像空调系统这种多变量的非线性优化问题，可采用共轭梯度、SQP 等方法进行求解，但这些方法具有计算收敛速度强烈、取决于初始点选取方式、无法排除信号干扰等明显缺陷。而人工智能粒子群算法具有抗小量干扰信号能力强、可快速获得稳定可靠准优化解等优势。

学生感言

通过对本项目的研究，项目成员学会了如何将理论知识运用于生活实际，在研究过程中，大家各有分工，同时又互相配合，彼此沟通与交流。在交流会上，组员的观点经常会被否定或被推翻，原地踏步甚至倒退的现象时有发生，但是我们并没有因此而放弃，正是靠在这样的研究氛围中不断地修正自身的观点与思路，我们最终才得以进步。通过这次项目研究，我们的建模、编程、写作及团队协作能力都有了很大的提高，在学科竞赛中也获得了较好的成绩，在此，也要感谢老师对我们的悉心指导和帮助。

教师感言

本项目选题具有实际意义，研究内容具体，研究方案切实可行，研究成果有一定的应用前景和商业价值，是一个不错的大学生创新训练项目。项目过程中同学们相互协作，项目组成员每周研讨一次，共同谈论遇到的困惑，相互交流经验教训，在不断的反思与借鉴中拓展新思维、新空间，同学们在讨论过程中总是能做到深入思考，认真学习，积极探索，力求在实际探索中找到合理答案。在项目研究中，同学们分工明确，共同完成了该项目，希望大家在今后的日子里也能将这种科研精神一直保持下去！

基于多基站的移动终端三维定位技术研究

项目名称：基于多基站的移动终端三维定位技术研究
项目负责人：石静
项目成员：康芸玮、王栋磊、孙彭利、段景
指导教师：李玲娜
项目类型：创新训练项目
项目所属一级学科：数学
起止时间：2017 年 6 月—2018 年 11 月

项目简介

随着无线通信网络和移动互联网的发展，提供基于地理位置信息的服务（location-based service，简称 LBS）已成为最具市场前景和发展潜力的业务之一。传统的定位方法主要基于卫星的定位系统，通常先用卡尔曼滤波的方法检测信号，然后对接收信号进行处理，最后计算出定位信息。目前，定位方法主要有 RSSI、TOA、TDOA 等。传统方法在室外开阔条件下定位效果较好，但室内或高楼林立的地区遮挡较多，定位效果较差，因此，本项目主要研究如何在室内获得精准定位。无线通信基站在信号覆盖的广度和深度上更有优势，因此本项目针对无线通信基站的室内三维定位问题，拟通过建立数学模型，设计基于蒙特卡洛的最小二乘定位算法，在保证定位精度的前提下获取移动终端室内三维实时定位结果。

创新点描述

在移动互联网日益发展的今天，个人对于终端定位的需求不断增加，很多公司都在定位系统的研发中投入了大量的人力与物力。由此可以看出，定位系统的建立是非常重要的。在今后 5G 的时代下，本项目有望为解决个人室内定位甚至是自动驾驶的研发提供模式参考，整体来说具有以下创新点。

建立了基站至终端的距离模型，对基站得到的与终端之间的信号传输距离进行了误差校正。散射与绕射作用使得信号校正的过程至关重要，信号传输距离的校正可以减小计算误差，使得后续计算结果更加精确。

基于最小二乘法的思想建立 TDOA 终端定位模型，再利用蒙特卡洛方法设计算法进行求解。最小二乘法通过最小化误差的平方和寻找数据的最佳函数匹配，使得模型的计算误差进一步缩小，也可以对未知终端的位置进行预测。蒙特卡洛方法的应用使得本模型的计算大大简化，提高了计算效率和定位速度，与最小二乘法的结合有利于快速精准地对未知终端进行定位。

基于数理统计的思想对定位精度和基站数目进行分析，得到定位精度与基站数目的对应关系，然后对所需基站进行最优化选择，确定基站的数目和位置，并生成基站轨迹。在取得成果的基础上开展定位模型和算法的实际应用，考虑在商场、博物馆等应用场景为用户提供基于室内实时地理位置信息的若干服务，甚至为今后的自动导航提供可能。

针对无线通信基站的室内三维定位问题，拟基于蒙特卡洛方法结合最小二乘法、统计信号处理等数学方法建立距离模型和 TDOA 终端定位模型，并在此基础上设计求解算法，确定合理的基站数量和位置，对终端进行快速精准的定位。理论测试表明，利用华为公式提供的数据，我们能够快速、准确地定位终端的位置，由此证明了这套算法在实际应用中的潜在可行性。

学生感言

在老师的指导下，我们度过了一段艰难而又快乐的学习时光。每个人都学习了许多，也收获了许多，各方面能力都得到了很大的锻炼和提升。当然，研究过程中难免会遇到很多困难，成员偶尔也会产生低落情绪，但是我们从未放弃，大家及时组织讨论，交流各自的想法，共同克服困难。在这个过程中，我们渐渐明白了团队合作的重要性。此外，李老师也给予了我们极大的帮助与鼓励，在李老师身上，同学们不仅学到了知识，还收获了对待科研一丝不苟的严谨态度，学会了许多做人的道理。

教师感言

在项目研究过程中，项目组成员齐心协力，共同开展工作，遇到困难时，大家相互鼓励、彼此信任、共同努力攻克难题，最终较好地完成了项目，这样的团队协作精神让我十分感动。在指导学生的过程中，我也收获了许多。他们身上那种不服输的精神和负责任的态度深深打动了我，学生对我的信任也增强了我的责任感，我告诉自己，一定要努力抓好科研与教学，认真教书育人，为学生做好榜样。希望今后我能有更多的机会去指导学生，与学生有更多的交流，和学生一起成长。

一种新型液体表面张力系数测定仪的研制

项目名称：一种新型液体表面张力系数测定仪的研制
项目负责人：徐鹏
项目成员：程思茜、古月、王晨晨
指导教师：齐云、周云旭
项目类型：创新训练项目
项目所属一级学科：物理学
起止时间：2016年6月—2017年12月

项目简介

本项目针对FD－NST－1型液体表面张力系数测定仪的吊环调节不水平以及实验平台升降过程中液体晃动等问题进行改进，并设计一种测定液体表面张力系数与温度关系的实验装置。项目最终实物成果由主控制器、温控水槽、吊环、可调支架等组成。整套设备采用高灵敏度传感器和智能温度控制系统，大大提高了测量的准确性，不仅能在各高校实验室加以运用，还可以在科研机构进行推广，实现设备的产业化。

创新点描述

改进吊环调水平的实验装置。将原本是三角铁丝挂起的吊环通过技术改进做成了四周平衡的吊环，改进后的吊环在离开液体表面时能够更均衡地受力，大大减小了实验的误差，降低了实验操作的难度，并提高了实验数据的准确性，使得结果更为有效。

原来的实验装置主要通过升降平台来控制液面与吊环的接触，在实验过程中，为了保证实验的准确性，需要尽量保持液面不晃动，在升降过程中控制液面增加了实验的难度。改进后的实验装置通过电磁阀来控制水流出，从而避免了以前实验平台升降过程中液体晃动的问题。提高了测量的准确性，实验操作也更加方便简单。

增加温度控制系统，实现不同温度条件下对液体表面张力系数的测定，扩展了实验内容，拓宽了使用范围和研究领域。以前的实验装置只能测量液体在某一温度状况下的张力系数，为了探究液体张力系数在不同温度下是否改变，我们考虑为实验装置增加温控装置。技术改进后，仪器可以测量各种液体在不同温度下液体表面的张力系数。如此，实验研究领域拓宽了，结果更具有效性。另外，增加的触屏装置使得仪器更为先进，同时还设置了触屏矫正技术，操作方便。

学生感言

在过去一年的多的时间里，团队的每一位成员都全身心地投入，在老师的指导与帮助下圆满完成了这个项目。虽然过程中遇到了重重困难，但大家还是逐一克服，圆满完成了任务，并从中学到了很多。在完成设计制作的同时，我们还申请了实用新型专利，提升了把理论运用于实践的能力，并且增强了团队的协作精神及创新意识。

教师感言

通过这一创新项目，小组成员学会了独立开展科研工作，懂得了搜集和查阅相关资料的方法，知道了遇到问题时应如何妥善处理与解决。实验对单片机和传感器的应用具有积极意义，研究路线和方法正确，经费使用合理，并制作出了实物，申请实用新型专利一项，达到了预期目标。此次实验增强了学生的动手能力，也提高了他们的创新意识和团队协作意识。

基于套利改进的中国企业原油套期保值方案研究

项目名称：基于套利改进的中国企业原油套期保值方案研究
项目负责人：顾亚婷
项目成员：陈妍、王静、刘冰、李金龙
指导教师：陈曦、唐海军
项目类型：创新训练项目
项目所属一级学科：经济学
起止时间：2018 年 7 月—2019 年 7 月

项目简介

石油作为当今世界最重要的工业原料与战略资源，其价格的波动牵动着经济领域的各个方面。近年来，原油价格持续上演着暴涨暴跌的行情，而石油期货市场的蓬勃发展为石油价格风险的规避提供了新的途径。因此，原油价格的波动成因与各大期货市场的有效性研究一直是学者关注的焦点。在已有研究中，关于金融因素对石油价格的作用与形成机理的分析较为欠缺。同时，在套期保值的研究中，对动、静态套保比率的套保绩效存在一定争议，缺乏对极端风险的控制研究且未考虑企业的投资收益，使相关企业在进行石油期货套期保值时缺乏热情且效果有限，而针对我国企业原油价格规避的研究更是少见。

研究分析了石油价格波动金融成因的内在机理，确定了适应我国需要的油价波动风险控制策略。结果显示，在一定的风险下，套利套保方案能有效提升传统套保策略的收益水平，从而提高企业投资收益，具有一定的学术价值与实践应用价值。

创新点描述

结合目前原油领域的市场状况，团队发现了石油价格波动成因及期货市场有效性研究领域的不足。基于此，本项目以规避石油价格风险的新途径为突破口，首次研究了我国企业原油价格应如何规避相关风险的议题，并得出了团队的研究成果。

（1）探索分析金融因素对石油价值的作用。

由于现有研究对金融因素对石油价值的作用与形成机理分析比较欠缺，团队从近年来原油的市场价格波动情况入手，结合所整理的相关资料，系统地研究了原油价格波动的成因以及有效规避该类风险的措施。本项目弥补了学者对中国企业油价风险规避策略研究较少的不足，对我国企业的油价套保策略进行研究，突破性地将套利与套保策略相融合，以实现较低风险前提下的较高收益。

（2）将石油价值研究与市场机制有机结合。

石油是重要的工业原料，其对市场及经济的影响不言而喻。当前石油价格变化幅度较大，且在已有研究领域，相关学者对金融因素的关注较为欠缺。所以，本团队项目合理分析了石油价格波动的内在机理，提出了相关策略，将石油价格与相关市场因素有机结合。

（3）直面相关争议及缺乏研究的领域。

当前，由于缺乏对极端风险的控制研究，加上在套期保值的研究中对动、静态套保比率的套保绩效存在一定争议，相关企业的积极性受到了严重打击，为了提升相关企业可预期的投资利益，项目组探索分析金融因素对石油价格波动的影响，提出了适应当前我国油价控制的策略，其成果在于能有效地提升传统套保策略的收益水平和企业投资收益。

（4）具有一定的学术价值与实践应用价值。

本团队的研究不仅有利于相关企业及市场的调整转型，从而帮助提升其效益，同时也为石油价格等相关领域的学术研究指出了不足与缺陷，开辟了新的可研究视野，为相关领域研究探索出新的、具有可行性的方向，为相关领域的科研进步做出了贡献。

在实践方面也具有突出效应，本项目为相关企业及市场主体指明了方向，提升了企业在相关领域投资及发展的预期收益，也有利于进一步促进原油套期领域的发展。

学生感言

通过本次原油项目的研究，团队成员较为细致地了解了中国原油市场的现状，以及当前石油市场所存在的问题。石油作为常规能源，其价格波动不仅是中国面临的一大难题，也给世界各国经济带来了一定的风险。本次项目主要针对石油价格波动问题，为中国石油市场提供了有效的解决方案，体现了当代青年对国家大事的关心，同时也为我国石油及经济发展贡献了一分力量。

教师感言

在指导“基于套利改进的中国企业原油套期保值方案研究”项目的一年时间里，顾亚婷、陈妍、王静、刘冰和李金龙五位同学认真查阅资料，开展社会调研，密切关注近年来中国原油的价格波动情况，从各种渠道收集资料，对中国原油市场有了深入的了解。同时，在这一年的时间里，我们大家一起努力，共同关注中国原油问题，从中学到了很多新的知识，获得了新的成长。

"health tree" 慢病管理系统开发与应用

项目名称："health tree" 慢病管理系统开发与应用
项目负责人：谷静怡
项目成员：马天文、余静、戚敏慧
指导教师：陈雪
项目类型：创新训练项目
项目所属一级学科：计算机科学
起止时间：2018 年 7 月—2019 年 7 月

项目简介

"health tree" 是一款基于"互联网+"模式的健康管理系统，具有互动、大数据、人工智能、移动检测、线上线下相结合、社区合作、公共服务、公益性等鲜明的特点，基于这些特色功能，慢病可防可控得以成为可能。同时本款 App 已申请了国家专利，其核心设计理念和项目特色具有不可复制和不可替代性。随着社会经济的发展和人民生活水平的提高，城乡居民不健康的生活方式导致慢病发病率急剧上升。中国潜在慢性病患者众多，其中高血压是慢性病的重点病症。移动端的慢性病管理系统在这种背景下应运而生，通过混合模式移动应用开发的技术商业计划从产品的前期创建背景、产品特色、用户定位、商业模式、融资分析、战略发展等方面进行研究，已经在创新创业类比赛中取得了一定的成绩。

项目理念以管理为主，医疗为辅，打造双渠道慢病管理新模式，提高慢病治疗效率，逐步降低慢性病患病率，有利于减少慢性病带来的经济负担，成为医院与患者间的纽带。项目以公益为起点，旨在提高用户的健康素养，为全民健康贡献一分力量，同时也有利于提高国内医疗系统对慢病管理的重视程度和干预力度。

创新点描述

"寓乐于医"的设计理念。由于毫无新意的实时提醒对于健康管理的效果并不乐观，本软件融入了"种植思想"，以生命树的生长状况反映用户的健康状况，例如用户按时喝水，生命树便会出现浇水的画面；用户早睡早起，生命树则会得到适宜的太阳光照等，旨在让用户在轻松愉快的状态下对自身进行健康管理。

有针对性的疗愈方案通过对合作医院方提供的大数据进行缜密分析并且结合专家团队的意见，制定了针对不同年龄层的健康管理方案，主要包括针对年轻用户的习惯养成方案和针对中老年用户的健康管理方案。

美观的界面设计。本项目美工团队对 App 进行了"绿色定位"，整个 App 以象征健康的绿色为主调，功能模块清晰明了，给用户以温暖舒适的视觉体验。

App 方面的创新。总共分为五大模块，分别是"健康管理""生命周报""乐食代""sunshine 公益""生命树"，其主要功能如下。

（1）健康管理。

主要包括习惯养成方案和健康管理方案。根据不同年龄的用户特征，为其量身打造所需要并适合的健康疗养方案，满足用户需求，健全管理系统。

（2）生命周报。

汇集了各类健康资讯，用户不仅可以根据自身需求浏览相关的文章和感兴趣的话题，还可以查看自己健康计划的完成情况和指标走势，以便及时调整健康计划或者在特殊情况下就医。

（3）乐食代。

以"食疗理念"为主打，本着原生态、纯天然的健康理念，通过推送线上健康食谱以及定制食谱来满足用户的烹饪需求，同时也在线下实体店进行营销推广。此外，拟开发半成品配送，主要针对高端消费群体提供进口半成品，便于烹饪。线下实体店主打健康餐，针对不同的消费群体研制不同类型的套餐，并进行产品组合与定位。

（4）sunshine 公益。

以西南石油大学 sunshine 公益组织为主体进行线下公益活动，以公共服务为主打，与社区医院进行密切合作，开展社区健康活动，参与者扫码下载本 App 以便于进行信息反馈和医疗干预。同时，计划积极开展校际合作，与各高校公益组织联合进行 App 推广，使其逐渐辐射四川省各高校社区。

(5) 生命树。

为了掌握年轻消费市场，我们决定开设生命树模块，用户可悉心照料自己的生命树并以此来反映自己的健康状况。如果用户没有按时完成健康计划，那么生命树就会失去光彩或者“生病”，这时系统的实时提醒就会转变为信息刺激，提醒用户按时完成健康计划。

学生感言

在为期一年的“‘health tree’慢病管理系统开发与应用”项目中，项目成员不仅学习了大数据、人工智能、移动检测、线上线下相结合、社区合作、公共服务、公益等相关知识，而且学会了运用云服务综合整理分析各环节的数据，从而构建可持续的管理生态网。同时，还掌握了阅读和整理文献资料的能力，提升了社会交往水平，基本具备了独立开展调研工作的能力。当然，我们也充分感受到了生命与健康的可贵，从中收益良多。

教师感言

在创新训练项目开展的一年时间里，同学们认真查阅资料，独立开展调研工作，系统研究了“health tree”的开发流程以及使用意义，以公益营销的形式承担社会责任，实现了公众的期望，赢得了良好的口碑，并且把眼光放得更加长远，在将正确的理念和价值观传递给社会的同时，也为自身营造了一个更为广阔的发展空间。

大学生创业意愿的影响因素及激发对策研究
——以西南石油大学为例

项目名称：大学生创业意愿的影响因素及激发对策研究
项目负责人：钟珍
项目成员：张云森、廖俊杰、黄婷、王心语
指导教师：李媛媛
项目类型：创新训练项目
项目所属一级学科：社会学
起止时间：2018 年 7 月—2019 年 7 月

> 项目简介

创业意愿是创业行为的基础与前提。大学生具有较高的专业文化知识水平与较强的创新特性，是国家主要的创新创业群体之一，其创业意愿的高低在一定程度上决定了国家创业活动的活跃程度。然而，现阶段我国大学生创业意愿偏弱，进行创业的大学生比例偏低，不利于“大众创业，万众创新”新常态的形成。相关数据显示，2014、2015、2016 届毕业生创业比例分别为 2.9％、6.3％、3.1 ％，尽管 2017 届毕业生创业比例再次回升到 6.3％，但依然和发达国 20％～30％的创业率有较大差距。

我国大学生创业意愿究竟如何，其主要影响因素与激发对策又分别是什么，本研究试图在大众创业与大学生就业难以并存的社会背景下，分析大学生创业意愿的影响因素并寻找激发对策，并提出几点推动大学生创业的建议。

> 创新点描述

本研究在前期调研数据搜集阶段采用了 Likert 五分量表调查问卷，对问卷采集的信息进行量度、效度检验，效果良好。并且以 10 所高校为例，根据相关数据信息展开问卷调查。同时，在理论模型的建立过程中，根据西南石油大学创新创业教育的实际开展情况提出假设：大学生的创业意愿与他们的性别、生源地、兼职次数以及创业经历等存在正相关关系；大学生的亲朋好友从事创业活动或者得到家庭的鼓励与帮助能够促进其创业意愿；高校对大学生展开有效的创业教育能够进一步增强他们的创业意愿。

使用SPSS软件对上述假设进行实证检验，得出结论：大学生创业意愿总体得分较低，创业意愿不强。结合“大众创业，万众创新”的背景，把对大学生创业意愿影响最为直接的创业教育和创业政策两个外部因素加入理论模型，综合分析国家政策因素、文化环境因素、家庭环境因素、校园环境因素等对大学生创业意愿的双重影响作用，使得大学生创业意愿影响因素模型更加合理，更为贴近实际。最后提出以西南石油大学为范本的激发对策：不断促使大学生转变创业观念，并使其充分意识到提高创业质量的重要性；加强创业知识的教育工作，通过校企合作为学生提供更多的实习机会，让他们真正参与到创业的过程中，激发其创业意愿；加大宣传力度，营造良好的创业环境，针对创业意愿较强的大学生以及各类优秀的创业项目构建团队、项目、资本、市场为一体的互动平台和立体式资源共享平台，从而进一步扶持大学生创业。

学生感言

通过参加这次项目，每个团队成员都收获了属于自己的宝贵经历。回想一年来的实验过程，从开始对实验项目内容的理解认识到项目计划的讨论和确定，从对项目的整体把握到实验创新点的寻找，从制定详细的项目方案到落实项目中重要的实践环节，我们不仅学到了宝贵的知识，思维能力、实践能力和团队协作能力也得到了提升，也形成了坚持不懈、善于思考、积极总结的科研精神。

教师感言

在指导“创新训练”项目的这段时间里，钟珍、黄婷等几位同学认真查阅资料，独立开展科研工作，系统研究了大学生创业意愿的影响因素及其激发对策研究。在项目开展过程中，同学们认真学术问题，积极交流与探讨，我也从中收获了很多，更加深刻地明白了“教学相长”的含义。

“红忆”文创与 AI 研发工作室
——建立中国红色故事基因库

项目名称：“红忆”文创与 AI 研发工作室——建立中国红色故事基因库
项目负责人：王致理
项目成员：罗勤、琚泽莹、王志强、高万荣、罗秀阳、白安平、简影、蒋毓蔓、范亦玮、李淑琴
指导教师：于百江、邓超越
项目类型：创新训练项目
项目所属一级学科：社会学
起止时间：2017 年 6 月至今

> 项目简介

本项目基于高校红色文化传播内容陈旧、形式单一、企业红色文化建设积极性缺失和少有单位将企业文化建设与红色文化传播紧密融合等问题，致力于为新时代红色文化发展注入新活力，积极借助新媒体实时、便捷、多元、高效等优势向大众传播红色文化。其中，短视频以其强大的适应性和趣味性成为红色文化传播强有力的工具和手段，首次实现了红色文化与短视频的结合。本项目分为三个阶段。第一阶段以“红色记忆”为主。这是一家立足于“微信”“微博”等短视频平台的自媒体，旨在为服务对象提供红色文化服务，其中包括红色文化、红色景点推广及周边产品打造与出售等项目。第二阶段主要解决“红色故事”的永久保留问题。利用项目前期制作的精品视频等资料建立起属于“红色记忆”的大规模红色故事数据库，并对红色故事实行代码化，将其储存在电脑服务器中，以实现对红色文化数据的永久保留。第三阶段为“红色故事”定制阶段。“红色记忆”拥有已经基本成型的“红色故事”基因库，通过人工智能研发，可以实现对红色文化教育活动的承包等服务。

创新点描述

首先，大多数红色文化资源具有唯一性和不可再生性。目前，本项目已与四川省革命老区相关单位取得联系，通过对老革命家、红军将帅后代、红色历史文物、红色旅游景点进行小视频拍摄，通过受访者讲述与对事物背后故事的介绍还原并记录红色故事，同时向社会公众宣传红色历史，以传承红色文化。此外，还与他们签署了合作协议，保证了项目所拥有的红色文化资源优势，为红色基因库的建立奠定了基础。

其次，随着全民娱乐的兴起和通讯传播技术的日益成熟，本项目也以全新的视角关注到了当今新媒体的迅速崛起以及网络环境翻天覆地的变化，希望能在这一背景下以自媒体的形式传播红色文化。传统的媒体传播由于渠道单一、内容形式乏味、与接受者缺乏互动性而逐渐被大众淘汰，与此同时，新媒体以其实时、便捷、多元、高效等优势打破了传统媒体的传播局限，使受众人群更加广泛，从而更有利于红色文化的传播与发展。

最后，本项目建立了红色文化基因库，利用人工智能技术检索红色文化资源，实现私人定制化服务，依据客户群体的个人特征和个性需求进行智能化、针对化的红色文化主题视频、课程、纪录片制作，并且为客户量身定制红色文化教育活动方案。项目产品包括不同类型的主题视频以及红色文化和旅游周边产品。这样不仅对红色文化的保留和存续有很大作用，同时又加以创新，进一步弘扬了民族精神。

学生感言

该项目是一个着重于传播红色文化，致力于建立红色文化基因库，向广大群众传播红色经典的创新项目。在此项目中，我们真正意识到了传播红色文化的重要性，深深感受到了红色文化所赋予新时代青年的使命感和责任感。众所周知，一个国家最不能忘记的便是自身的民族文化，传播红色文化、建立红色文化基因库正是对民族文化和民族英雄的纪念与回忆，也是对祖国诚挚热爱的表达。听到老革命家、红军将帅后代等历史亲历者与传承者讲述那些被淹没在历史长河中的故事时，我们的心情久久不能平静。我们深刻地意识到，作为新时代青年，自己更应该扛起时代重任，不忘初心，砥砺前行，将红色文化传播到底。

教师感言

在本次项目的进行过程中，同学们怀着敬畏之心，认真查阅资料，了解红色文化，积极深入老革命区，发掘那些感人至深的“平凡”故事，探寻那个风云变幻的历史时代，发掘个人命运的起伏跌宕及其在重大历史转折中的重要作用，对这段历史也有了新的、更为深刻的认识。

"Hi 雨伞"
——基于蓝牙定位技术的共享雨伞

项目名称："Hi 雨伞"——基于蓝牙定位技术的共享雨伞
项目负责人：蔡晟川
项目成员：黄亚丽、邓琳平、唐思夷、刘纯健、徐敬怡、周梦琪、卓美玉、刘竣潇、曾一芳、徐仁彬、陈熙、柯瑞、严雯、吴宁、刘婷、冷静、龙言
指导教师：刘立祥
项目类型：创新训练项目
项目所属一级学科：计算机科学
起止时间：2017 年 2 月—2018 年 7 月

项目简介

基于蓝牙定位技术的共享雨伞项目在共享经济不断发展完善的大背景之下应运而生，用户可通过移动端轻松、快捷地找到共享雨伞基站，实现雨伞的借与还。项目团队收集整合现阶段市场上已有的各种共享雨伞的相关资料，综合分析共享雨伞的优缺点，并进行有针对性的学习与借鉴。现阶段，研发团队已经拥有了伞上开锁装置、蓝牙 4.0 技术专利以及一整套完善的共享雨伞应用系统，这一系列的技术研发的运用有利于精准地实现项目功能。基于对不同基站所在区域的环境、文化、用户需求的不同，项目团队还设计了不同风格的产品，在雨伞的租借、使用等方面精心考量用户体验，进一步提升产品及服务的实用性及用户接纳度。

创新点描述

项目的主要服务对象为成都地区各高校学生，对象明确且数量众多。基于此，该项目以西南石油大学为试点，并与成都地区数所高校达成了合作意

向。“Hi 雨伞”团队根据投放区域（各高校）不同的文化背景设计了不同的伞面以及伞桶，以提高使用者对“Hi 雨伞”的文化认同感。团队认真甄选晴雨两用伞伞面布料，设计独具匠心，使得“Hi 雨伞”拥有超高的辨识度，可在众多普通雨伞中被一眼识别。伞桶的容量较大，下部为滤水设计，可避免雨水的堆积，有利于延长“Hi 雨伞”的使用寿命，从而降低项目的维修成本。

我国共享经济具有良好的发展前景，团队通过分析国内外各种共享雨伞的优缺点，研究我国雨伞市场的发展情况并预测其前景。基于我国的天气状况并分析降水强度的具体分布状况有针对性地完善共享雨伞产品，以保障“Hi 雨伞”能够得到目标市场的青睐。

该项目的研发团队成员来自不同的专业，大家各自负责所擅长的领域，展开密切合作。团队通过不懈的努力，最终拥有了全程自主研发的核心技术，在低成本的情况下实现了对雨伞的超精准定位，有效减少了雨伞数量的流失，有利于降低成本风险，同时也有助于应对共享雨伞乱堆乱放的现象，利于“Hi 雨伞”的管理。

该项目通过深受大学生喜爱的多种方式开展营销宣传。团队还在大学校园等学生密度较高的区域设立了推广中心，以提高平台的知名度，有利于增强大学生对“Hi 雨伞”的认同感。之后，还计划利用线下形式进行推广，以提高“Hi 雨伞”的知名度以及可信度。

> 学生感言 <

在为期一年的创新训练项目中，团队成员不仅了解和分析了我国乃至世界的共享雨伞行业现状，以此为依托构建起了本项目的大体框架，还培养和锻炼了自己的创新思维，提升了开展创新创业工作的能力。当然，更让人受益匪浅的是我们在其中所形成的团队合作精神，也正因如此团队最终才得以攻克技术难关，实现核心技术的全程自我研发。

> 教师感言 <

基于蓝牙定位技术的共享雨伞是共享领域的优秀作品，“Hi 雨伞”不仅解决了技术性问题，更象征着一个具有青春理念与活力的项目，蔡晟川及其团队刻苦钻研、团结互助，攻克了一个又一个技术难关。在此过程中，他们始终围绕目标客户的诉求，丰富产品的内涵，使得该项目具有较强的实践性，深受年轻人的喜爱。他们的拼搏与创新精神让我看到了祖国新一代青年的想象力和创造力，也领略了新一代青年的青春活力以及敢做敢拼的魄力。

浅谈企业排污自我监测制度的发展与完善

项目名称：浅谈企业排污自我监测制度的发展与完善
项目负责人：李凤
项目成员：曾莹、包文辉、白安平
指导教师：傅晶晶
项目类型：创新训练项目
项目所属一级学科：法学
起止时间：2018 年 6 月—2019 年 11 月

> 项目简介

为了进一步促进企业的自我管理，发展和完善企业排污自我监测制度，提高企业排污监测的自觉性和积极性，建立健全企业排污监测法制机制和总体实施体系，落实绿色发展理念，建设生态文明和资源节约型、环境友好型社会，促进经济可持续发展，积极顺应社会发展现状，跟随社会发展浪潮，为建设美丽中国添砖加瓦，项目团队经过认真走访和广泛调研，提出了完善的公众—企业—政府“三位一体”的监督模式、排污超标预警保障创新机制和企业排污自我监测法律制度三项成果，并在公开刊物发表学术论文三篇。

> 创新点描述

项目开拓性地提出要建立公众—企业—政府“三位一体”环境监测模式，明确了以企业为主、政府和民众为辅的责任体系，首次提出构建企业排污超标预警法律保障机制创新模式，巧妙融合智能系统和人工系统，按标准综合分析评定预警级别；同时提出畅通公众沟通渠道的创新点，将建立等级惩罚制度细化为个人负责制，与企业信誉挂钩，使之权责明晰，具有明显的可实施性和可操作性，此创新点可以大大提高执法效率，从而促进治理体系和治理能力现代化。

项目成员具备敏锐的法律嗅觉，从我国立法现状出发，提出企业排污超标预警由规章上升到法律高度的建议，针对当前法律规范的局限性和涉及面狭窄的问题，提出建立企业排污超标预警分级模式；提出建立企业排污超标预警分级应对模式，将法律理论与实践紧密结合，使之自动化、智能化和低成本化，赋予其社会价值；提出建立企业排污超标预警监督模式，提高民众的法律意识和法治素养，形成法治社会共识，增强人民的认同感。

总的来说，项目在现状认知、制度构建、操作实施、理论付诸实践方面均形成了完整的体系和方案，对于进一步完善我国企业排污自我监测法律制度，增强企业威信，推动企业履行自身环保义务，落实企业的环境保护主体责任具有开拓性意义。

学生感言

在为期一年的考察和研究中，我们锻炼了自身的法律思维，对法律专业和法律体系也有了更加深刻的认知，在今后的专业学习和工作中，也能够更加熟练地将理论与实践相结合，为社会主义现代化法制强国的建设建言献策，为法律体系的完善贡献自己的一分力量，从而维护宪法和法律的权威，推动良法之治，助力建设法治中国。

教师感言

该项目团队积极参与调研和实践，大胆开展交叉学科研究，具有较强的思维发散力和创造力，在研究过程中付出了许多努力。这启示当代大学生：创新创业能力的培养需要每个同学敢于突破传统的学习模式，以问题为导向，联系社会实际，积极思考与实践，勇于肩负时代责任。法学专业的学生更要兼具知识能力和法律思维，以敏锐的法律嗅觉为中国法制体系的完善贡献自己的力量！

名睿教育与咨询服务创业训练项目

项目名称：名睿教育与咨询服务创业训练项目
项目负责人：周赛蝶
项目成员：周兆隆、孙桦、李青玲
指导教师：罗文双
项目类型：创新训练项目
项目所属一级学科：教育学
起止时间：2015—2016 年

> 项目简介

在经济新常态下，第三产业逐渐成为发展的主体。在教育领域，主要表现为适应新常态，提供个性化教育服务，促进高校履行社会责任，为经济社会发展与民生改善做出积极贡献。在“互联网+”的时代，第三产业充分利用网络与大数据资源，搭建公共平台，联结服务的提供方和需求方，打造具有品牌效应的教育公共平台，使管理教学资源日益科学化、规范化。

> 创新点描述

在经济新常态下，教育行业发展迅速，这就要求我们抓住机遇，迎接挑战，在教育层面实行创新创业。在产业结构方面，国家密切关注教育与经济之间的关系，大力推进公办教育改革创新，充分发挥民办教育与行业企业结合紧密的优势，进一步加强民办教育内涵建设，优化人才培养结构，强化办学特色，这向民办教育事业释放了积极的信号。在经济结构方面，政府推进经济结构调整，要求进一步发挥市场在资源配置中的作用，推进权利平等、机会平等、规则平等，打破社会事业领域的行业垄断和市场壁垒，鼓励社会投资，扩大教育公共产品的有效供给，颁布系列政策和含金量高的文件，为民办教育事业提供良好环境。在发展动力方面，消费需求逐渐成为主要内容。

随着消费结构转型升级的加快，人民群众对高质量、选择性和个性化的教育需求持续增加，市场迫切需要多样化的教育服务供给。

在宏观前景看好的同时，从中观和微观的经济层面来看，市场对个性化教育与文化服务的需求潜力巨大。首先，就新都城区而言，西南石油大学周边分布有不少幼儿园、小学、初中和高中，而且家长和孩子对家教补习的关注度较高，意愿强烈，市场需求较大。其次，据了解，新都地区没有较为规范、完备、成熟的家教平台，教育培训机构水平参差不齐，市场空缺较大，供给严重不足。最后，从竞争力来看，我校作为四川省乃至全国实力较强的大学，在校学生有着较高的文化素质水平，加之家教工作弹性大、能动性大，他们完全有能力进行家教服务。

学生感言

作为外国语专业的学生，我们通过创业训练项目结识了许多不同学院、不同专业的同学，大家共同学习，一起交流，可以迸发出别样的思维火花，学习到不同领域的知识。创业训练项目锻炼了我们各方面的能力，在团队协作的过程当中，每个人都对自己的组织能力和筹划能力提出了更高的要求，在不断的摸索和磨合中，大家建立了深厚的友谊。

教师感言

教育是“民生工程”，周赛蝶小组的“名睿教育与咨询服务创业训练项目”结合社会实际，选择了事关学生长远发展的教育领域，充分体现了当代大学生的社会责任感。在项目指导过程中，周赛蝶和项目组成员按照要求积极推动项目的各项工作，在调查研究、数据整理、文字撰写等环节克服了许多困难，他们所表现出来的这种认真负责、努力刻苦的创新创业精神也让我非常感动。

“一学一做”背景下青年团员自成长模式探索研究

项目名称：“一学一做”背景下青年团员自成长模式探索研究

项目负责人：高源、姚靖龙

项目成员：郝瑞鹏、安致毅、王珊

指导教师：何姗、李忠伟

项目类型：创新训练项目

项目所属一级学科：马克思主义理论

起止时间：2017—2018年

项目简介

项目主要分为以下四个部分：第一，“线上平台”传箴言。艺术学院团总支依托互联网技术，利用“微博”“微信”“QQ群”等平台增强网络互动，增进团员间的感情。第二，“讨论互动”传真经。艺术学院依托“青年小讲堂”开展“团三优”代表故事讲堂，分享大学生的学习、生活心得；邀请优秀毕业生返校，举办“青春榜样”座谈会，以“过来人”的身份为学弟学妹传授真经，为青年团员提供了畅通的交流途径。选拔共青团干部、入党积极分子成立“学生助教团”，实现朋辈团员间的互帮互助。艺术学院选派优秀团干部担任低年级学生寝室的“名誉寝室长”，成为他们的生活向导员和心理辅导员，让青年团员的自成长平台更加契合学生的实际需求。第三，“思想进步”带方向。让“两学一做”党建系列活动指导“一学一做”系列团建活动的推行；“学长导航员”每天带领先进团员在“爱心加油站值班室”学习党章党规、时政发展信息等，真正做到思想进步“带方向”、觉悟提高“带成长”，为青年团员自成长平台提供坚实的政治保障。第四，“实践发展”带节奏。艺术学院形成实践项目党员团员朋辈交叉组队报项目的制度，让不同年级、不同专业的同学组队合作，既保证了队伍的科学性，又彰显了朋辈合作作用。

创新点描述

该项目旨在加强高校共青团阵地建设，帮助团员青年走出大学生活的迷茫和困惑情绪，明确未来发展的方向和目标，使他们更好地适应大学生活，完成从高中模式到大学模式的转变。在高年级优秀团员中树立榜样，从而感染低年级团员青年的思想行为，充分发挥“传、帮、带”作用，通过朋辈间的互帮互助对青年团员自成长模式形成有力支撑。

学生感言

该项目运用“互联网+”思维构建青年团员自成长平台，将理想信念建设等团学工作供给侧与新时代青年团员需求侧有机对接，充分体现参与性、针对性和实效性。将“两学一做”党建系列活动与“一学一做”系列团建活动并轨推行，真正做到党建带团建。注重专业特色，将学术科技活动与专业二课资源有机整合，为青年团员自成长平台提供丰富的建设内涵。

教师感言

该项目的实施步骤分为以下几个部分：互联网招募组建自成长互助团队；申请建设微信公众平台“西油艺时代”搭建自成长新媒体平台；制订实施“学长导航计划”；汇总实验数据、形成成果；总结撰写论文并发表。

主题活动“学长导航计划”在总结以往经验得失的基础上，根据时代需求和青年团员的特点进一步优化方案，从而提升针对性和实效性，最终实现“传、帮、带”与“自我教育、自我管理、自我服务”有机结合。